natürlich oekom!

Mit diesem Buch halten Sie ein echtes Stück Nachhaltigkeit in den Händen. Durch Ihren Kauf unterstützen Sie eine Produktion mit hohen ökologischen Ansprüchen:

- 100 % Recyclingpapier
- mineralölfreie Druckfarben
- Verzicht auf Plastikfolie
- Kompensation aller CO_2-Emissionen
- kurze Transportwege – in Deutschland gedruckt

Weitere Informationen unter www.natürlich-oekom.de und #natürlichoekom

Bibliografische Information der Deutschen Nationalbibliothek:
Die Deutsche Nationalbibliothek verzeichnet diese Publikation in der Deutschen Nationalbibliografie; detaillierte bibliografische Daten sind im Internet über www.dnb.de abrufbar.

© 2024 oekom verlag, München
oekom – Gesellschaft für ökologische Kommunikation mbH
Goethestraße 28, 80336 München

Lektorat: Boris Heczko
Layout und Satz: oekom verlag
Korrektur: Maike Specht
Umschlaggestaltung: Laura Denke, oekom verlag
Umschlagabbildung: © Adobe Stock: ONYXprj
Druck: Elanders Waiblingen GmbH, Waiblingen

Alle Rechte vorbehalten
ISBN 978-3-98726-092-6
https://doi.org/10.14512/9783987263323

Ilka Walljes

KLIMAGERECHTE UND NACHHALTIGE STADTENTWICKLUNG

Leitfaden für einen optimierten Transformationsprozess

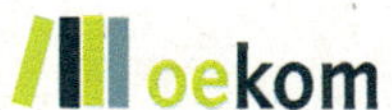

Vorwort

Die Suche nach Lösungen, wie urbane Systeme treibhausgasneutral mit erneuerbaren Ressourcen weiterentwickelt werden können, durchzog meine gesamte berufliche Biografie. Meine Motivation ist ein Handbuch mit praxistauglichen, aber wissenschaftlich fundierten Empfehlungen für einen optimierten und somit beschleunigten Transformationsprozess zur klimagerechten und nachhaltigen Stadt.

Warum der Fokus auf bestehende Städte? Als unser Hauptlebensraum sind sie Hauptverursacher des Klimawandels mit größtem Ressourcenverbrauch und somit prädestiniert als Hauptlösungsansatz. Da die urbane Struktur des nächsten Jahrhunderts bereits existiert, geht es also um kluge Korrekturen bei eh anfallenden Ausbesserungen.

Die Transformation zur klimagerechten und nachhaltigen Idealstadt ist also, ganz pragmatisch, eine kontinuierliche Weiterentwicklung mit bedarfsweiser, optimierender Nachjustierung.

Größte Herausforderung ist die extreme Komplexität der Stadt: Alles korreliert! Eine effektive Synchronisation aller Bausteine des Transformationsprozesses ist die wichtigste Basis aller Lösungsansätze. Unter Anwendung von Leitprinzipien werden daher optimierende und koordinierende Mechanismen empfohlen – auch zur Vermeidung von Barrieren.

Für einen gerechten, objektiven und nachvollziehbaren Prozess ist eine umfassendere Klima- und Nachhaltigkeitsprüfung bereitgestellt. Auch wird seine erweiterte rechtliche Basis zusammen mit anderen Reformvorschlägen diskutiert.

Wichtig ist mir die praktische Anwendbarkeit des Leitfadens – so kurz wie möglich und lang wie nötig. Zur Navigation dienen ein sehr detailliertes Inhaltsverzeichnis sowie eine Anleitung im ersten Kapitel.

Inhaltsverzeichnis

Verzeichnis der Abbildungen und Tabellen

Diagramme

Fotos

Tabellen für die Klima- und Nachhaltigkeitsprüfung

Tabellen für das Mobilitätskonzept

1 Struktur des Leitfadens

Aufgrund der Komplexität der Thematik sind die Kapitel in drei Bereiche gegliedert:

Teil 1:
Visionen, Ziele und Prinzipien der klimagerechten und nachhaltigen Stadt

Teil 2:
Rahmenbedingungen und Prozedere des Transformationsprozesses

Teil 3:
Lösungsansätze der Handlungsfelder – Hauptteil:

- Stadtstrukturelle Handlungsfelder (Dichte, Nutzungsmischung und Design)
- Gebietsbezogene Handlungsfelder (Gesamtstadt, Viertel/Quartiere und Grundstücke/Gebäude
- Thematische Handlungsfelder (Mobilität, Energie etc.)

1.1 Anwendung

Gezielte Nutzung durch systematischen Aufbau des Leitfadens – Navigation direkt zum jeweiligen Punkt des Interesses durch Verwendung von

- Querverweisen, dargestellt durch das Zeichen »→« + Nummer des Kapitels
- Verlinkung der Kapitel innerhalb des Gliederungsgerüsts
- Stichpunkten und Listen mit Hinweisen auf detailliertere Informationen, d. h. vom Kürzeren zum Ausführlicheren
- Vermeidung von Wiederholungen, es sei denn, sie sind zum Verständnis nötig.

Empfehlungen bzw. Vorschläge
Bei bestimmten Sachverhalten sind Empfehlungen und Vorschläge als solche benannt oder durch »könnte« bzw. »sollte« gekennzeichnet. Generell ist aber der gesamte Leitfaden eine Empfehlung zur Optimierung des Transformationsprozesses. Verzichtet wurde auf exakte Zahlen, Daten, Preise, Paragrafen, da sie schnell veraltetet bzw. überholt sind. Es geht mehr um Prozesse und Vorgehensweisen.
Fremdquellen sind im → Quellenverzeichnis angegeben.

1.2 Übersicht

Der Leitfaden ist konzipiert als Baukasten
zur systematischen Annäherung an die Vision der klimagerechten und nachhaltigen Idealstadt
- entsprechend den Zielen und Leitprinzipien (Teil 1)
- unter Anwendung von optimierenden und beschleunigenden Prozeduren (Teil 2)
- mithilfe der Werkzeuge der Handlungsfelder (Teil 3).

Teil 1: Vision, Ziele und Prinzipien der klimagerechten und nachhaltigen Stadt
- Argumente für den Fokus auf bestehende Städte für ihre klimagerechte und nachhaltige Weiterentwicklung
- Vision und Ziele der klimagerechten und nachhaltigen Stadt und deren Herleitung
- Prinzipien als allgemeingültige Leitlinien für alle Bereiche der Transformation
- Übersicht: Funktionsweise des Transformationsprozesses

Teil 2: Rahmenbedingungen und Prozedere des Transformationsprozesses
- Legal und legitim
  - bestehende rechtliche Basis
  - Änderungsbedarf zum Urbanen GesetzesOrdner
- Optimierende Prozeduren

- Rolle der Akteure – Potenziale und Handlungsgrenzen
- Anreize zur Verhaltensänderung
- Strategisches Netzwerk
- Realisierung
- Kooperationen – effektive Zusammenarbeit
- Partizipation der Betroffenen
- Finanzierung
- Erfolgskontrolle durch kontinuierliches Monitoring
- Klima- und Nachhaltigkeitsprüfung
- Achtung, Barrieren! – Überwindung und Prophylaxe

Teil 3: Lösungsansätze und Maßnahmen der stadtstrukturellen, gebietsbezogenen und thematischen Handlungsfelder – der Hauptteil

- Stadtstrukturelle Handlungsfelder:
  - Dichte
  - Nutzungs- und Funktionsmischung
  - Stadtgestaltung

- Gebietsbezogene Handlungsfelder – urbane räumlich-geografische Bereiche:
  - die gesamte Stadt
  - innerurbane Gebiete wie Viertel/Quartiere
  - Zentren
  - Grundstücke mit Gebäuden

- Thematische Handlungsfelder, die ganze Stadt betreffende sachspezifische Aspekte:
  - Mobilität und Erreichbarkeit
  - Energie: Versorgung aus nachhaltigen Quellen
  - Flächen: kluges Management – entsiegelt und effizient genutzt
  - Makro- und Mikroklima: stadtklimatische Effekte
  - Biodiversität: urbanes Grün – lebendige Klimadienstleister
  - Wasser: lokale Versorgung, effektive Nutzung und Schutz
  - Livability: urbane (Er-)Lebensqualität
  - Ökonomische Vitalität: Nachhaltiges Wirtschaften mit fairen Beschäftigungspotenzialen
  - Abfall: die Folgen des Konsums – urbaner Ressourcenkreislauf

1.3 Definitionen – wovon reden wir?

Fachbegriffe werden so verwendet, wie sie in Gesetzen zu urbanen Räumen definiert sind. Aufgrund der Notwendigkeit für Änderungen sind nachstehende Begriffe wie folgt gebraucht:

Klimagerecht: ist passender als die Begriffe »klimaschonend«/»-freundlich«, welche mehr auf eine Handlung/Maßnahme als eine Beschreibung hindeuten, oder der Begriff »klimaneutral«, der eher ein Ziel beschreibt.

Nachhaltig: zukunftsfähig für kommende Generation mit erneuerbaren Ressourcen

Klimabelange: alle urbanen Aspekte des Klimawandels. Dies ist ein rechtlich wichtiger Begriff, da (bereits jetzt schon) bestimmte »Belange« in gesetzlich bindenden Bauleitplänen zu berücksichtigen sind und deren Entwicklung mittels Indikatoren mess- und vergleichbar ist.

Stadtentwicklung: im Sinne von Weiterentwicklung und Transformation. Dies entspricht weitgehend dem umfassenderen Begriff der »urban regeneration« aus dem angelsächsischen Raum und ist somit weiter gespannt als die in Deutschland gesetzlich definierten Begriffe des Baugesetzbuches (BauGB) für Sanierung, Stadtumbau und Entwicklung.

Strategien: als Oberbegriff für alle Pläne und Programme, Konzepte etc.

Transformation: Weiterentwicklung und Umstrukturierung aller urbanen Aspekte mittels eines Optimierungsprozesses zur Annäherung der Vision der klimagerechten, nachhaltigen Stadt als Ideal

Treibhausgasneutralität: Im Kern beschreibt THG-Neutralität den Zustand eines Handelns, bei dem die Emissionen null betragen oder die dadurch verursachten THG-Emissionen durch die Einsparung einer entsprechenden Menge ausgeglichen werden.[1]

Erneuerbare Ressourcen: Ressourcen, die das Potenzial haben, sich in bestimmten Zeiträumen zu erneuern. Hierzu zählen neben den erneuerbaren Rohstoffen die Ressourcen Wind, Wasser, Erdwärme und Sonnenenergie. Ab welchem Zeitraum eine Ressource nicht mehr als erneuerbar gilt, ist nicht einheitlich festgelegt. Die Grenze zwischen »erneuerbar« und »nicht erneuerbar« liegt üblicherweise zwischen 100 und 1000 Jahren.[2]

Handlungen: Oberbegriff für alle strategischen Planungen sowie Maßnahmen

Vorhaben: geplante Entwicklungen und Nutzungen

Gemeinde und Kommune: werden synonym verwendet

Begriffe aus dem Englischen

- etablierte Wörter werden beibehalten und in »« dargestellt
- Community: aufgrund des m. E. fehlenden Äquivalents im Deutschen, etwa Gemeinde
- Retrofitting: Nachrüsten des Bestands

Copyright der Grafiken

Ilka Walljes

TEIL 1

Vision, Ziele und Prinzipien der klimagerechten und nachhaltigen Stadt

- **Argumente für den Fokus auf bestehende Städte**
- **Herleitung der Vision und Ziele**
- **Übersicht – Funktionsweise des Transformationsprozesses**
- **Prinzipien als allgemeingültige Leitlinien für alle Bereiche der Transformation**

2
Klimawandel, Nachhaltigkeit und fossile Ressourcen im urbanen Kontext

Als Hauptlebensräume für Menschen sind Städte Hauptverursacher des Klimawandels sowie des Ressourcenverbrauchs und daher auch hauptverantwortlich für Lösungen.

Der derzeitige Klimawandel ist nahezu vollständig auf die von Menschen verursachten Treibhausgasemissionen zurückzuführen.[3]

Die Verbrennung fossiler Energieträger wie Öl, Gas und Kohle[4] führt durch ihre Gase (mit CO_2 als größtem Anteil)[5] über den Treibhauseffekt zur globalen Erderwärmung mit Klimawandel.[6] Zudem sind fossile Rohstoffe »endlich« und somit nicht erneuerbar. Sie werden also in einem mehr oder weniger überschaubaren Zeitraum zur Neige gehen.[7]

Eile und Dringlichkeit sind geboten aufgrund des Kipppunktes,[8] ab dem die exponentiell verlaufende Klimakatastrophen-Kettenreaktion durch sich selbst verstärkende Prozesse unumkehrbar wird.

Das Szenario ist seit den 1980er-Jahren bekannt, nur hatte niemand vorausgesehen, *wie schnell* die erst für das nächste Jahrhundert befürchteten Auswirkungen sichtbar würden.

2.1
Warum liegt der Fokus auf bestehenden Städten?

2.1.1 Urbane Räume als Hauptverursacher

Die anthropogene Eingriffsintensität ist in Städten am konzentriertesten. Auf nur 2 % der Erdoberfläche[9] leben drei Viertel der Weltbevölkerung.[10] Bis 2100[11] werden es ca. 90 % sein.

Städte sind verantwortlich für

- 75 % des Verbrauchs der weltweit eingesetzten Energie[12]
- 75 % des Ressourcenverbrauchs[13]
- 80 % der globalen THG[14]

2.1.2 Urbanes Potenzial für Lösungen

Urbanes Leben ist durch die gemeinsam genutzte Infrastruktur und kürzere Entfernungen ohnehin schon sehr effizient. Zudem existiert bereits heute die urbane Struktur des Jahres 2100 zu 80 bis 90 % bereits und muss bei Verfall ohnehin ausgebessert werden – warum dann nicht gleich klimagerecht, nachhaltig und ressourcenfreundlich?

Es geht also um kluge Korrekturen und die Weiterentwicklung des Bestands durch stetigen Austausch und Nachrüstlösungen für jeweils störende Elemente bei gleichzeitiger Integration von Klima- und Nachhaltigkeitsaspekten während des urbanen Transformationsprozesses.

Aufbauend auf dieser Herleitung und unter Zugrundelegung der Definitionen ist eine logische Bezeichnung für den Prozess der Transformation somit

= Klimagerechte und nachhaltige Stadtentwicklung.

2.2 Urbaner Klimaschutz oder Anpassung?

Da eine eindeutige Unterscheidung zwischen Mitigation, d. h. vorbeugendem Klimaschutz, und Adaption, also Anpassung an den Klimawandel, oftmals nicht möglich bzw. nötig ist, wird hier zwischen beiden nicht unterschieden. Vielleicht ist daher eine Umbenennung des Sachverhaltes in »Adaptigation«[15] oder »Mitidaption« angebracht?
Trotz vorhandener Schnittmengen kann eine Abwägung zwischen Mitigation und Adaption jedoch sinnvoll bzw. notwendig sein, wenn

- deren Belange konträr sind. So ist unter Berücksichtigung der Folgen des Klimawandels bspw. eine offene Siedlungsstruktur für das »Urban Cooling« (zur Anpassung) einer kompakten Bebauung mit hoher Dichte (zum Klimaschutz) vorzuziehen.
- andere Lösungsansätze gefordert sind, z. B. Klimafolgenbewertung als Risikoabschätzung etwa für den Katastrophenschutz in Form bzw. als Teil einer Resilienzstrategie.

2.2.1 Klimaschutz – Mitigation

Umfasst sämtliche Strategien und Maßnahmen zur Bekämpfung der Ursachen der Erderwärmung durch die

- Vermeidung neuer und zusätzlicher THG-Emissionen als Vorbeugung
- Entnahme bestehender THG aus der Atmosphäre

Der Kipppunkt ist nur noch einige Jahre entfernt,[16] und das auch nur, falls THG aus der Atmosphäre extrahiert wird.[17] Für Einsparungen von THG allein ist es schon zu spät, d. h., das Erreichen von Nullemissionen reicht nicht mehr aus, um die Klimakatastrophe zu verhindern.

Natürliche THG-Extraktion

Speicherung von THG in Landnutzungen mit Senkenkapazitäten (THG-Senken):

- biotische (Bäume und andere grüne Vegetation) oder
- abiotische (Böden, geologische Formation, Wasser, Holzprodukte etc.) Reservoire

Technische THG-Extraktion

- »Zero/minus Carbon«-Technologien[18] an Gebäuden und Strukturen
- CO_2-Abscheidung und -Speicherung (»Carbon Capture & Storage«):[19] die technische Abspaltung am Kraftwerk und Einlagerung in unterirdischen Lagerstätten
- Umwandlung von CO_2 in Ethanol

Fossile Ressourcen

Neben der Verursachung von THG sind sie direkt und indirekt durch ihre Verarbeitung, ihre Nutzung und ihren Verbrauch verantwortlich für Emissionen von Schadstoffen und Abwärme und somit für die Belastung von Luft (Abgase mit Feinstaub), Wasser und Böden.
Dies passiert vor allem bei der Energieumwandlung, aber auch durch Abfälle, die z. B. durch Konsum anfallen.
In Städten kommt es zusätzlich zu komplexen Interaktionen. So verursacht die Luftverschmutzung, ohnehin ein großes urbanes Problem, zudem stärkere Niederschläge, da feine Partikel die Wolken beeinflussen.[20]
Besonders gravierende Auswirkung haben fossile Ressourcen auf die physische und soziale Struktur urbaner Räume: Das Erbe ihrer Verarbeitung sind brachliegende ehemalige Industriestandorte und Kohle-, Stahl- sowie Hafenquartiere.

2.2.2 Anpassung an den Klimawandel – Adaptation

Umfasst sämtliche Strategien und Maßnahmen zur Resilienz gegen die nicht mehr zu vermeidenden bzw. abwendbaren oder bereits eingetretenen Folgen und Auswirkungen sich verändernder Klimabedingungen:

- Die Sommer werden trockener mit intensiveren und längeren Hitzeperioden sowie tropischen Nächten.
- Im Winter nimmt die durchschnittliche Niederschlagsmenge zu, und es gibt weniger Frosttage.

Das führt in der Folge zu

- Trockenheit mit Dürre und Brandgefahren
- urbanen Hitzeinseln

- Veränderungen im Wasserhaushalt:
  - Starkregen, Sturm- und Sturzfluten, Hochwasser sowie Überschwemmungen
  - Niedrigwasser, Wassermangel
- verstärkten Blitzeinschlägen
- Windbelastungen
- höherer Empfindlichkeit von Böden
- Georisiken
- Gefährdung von Tieren und Pflanzen sowie der Biodiversität
- gesundheitlichen Beeinträchtigungen der Bevölkerung (z. B. Hitzebelastung)
- der Beeinflussung urbaner Strukturen und Systeme sowie zu vermehrten Extremwetterereignissen.[21]

Die Aufgabe für klimafeste Städte ist eine Stärkung der Anpassungs- und Widerstandsfähigkeit, um so Vulnerabilitäten* zu reduzieren bzw. zu vermeiden durch

- Förderung vorteilhafter Auswirkungen, also Nutzung der Potenziale und Chancen (auch wenn dies gesetzlich noch nicht vorgesehen ist)
- Minderung bzw. Verhinderung nachteiliger, negativer Auswirkungen durch Schutzmechanismen inklusive Katastrophenschutz.

→ 5.3.3 Exkurs: Resilienz und Katastrophenschutz

Spezifische Maßnahmen werden detaillierter diskutiert innerhalb der thematischen, gebietsbezogenen und stadtstrukturellen Handlungsfelder (→ Teil 3).

---

* Gemäß der Definition des Weltklimarats (Intergovernmental Panel on Climate Change, IPCC) ist Vulnerabilität das Maß, in dem eine Person, Region oder ein System gegenüber nachteiligen Auswirkungen von Klimaänderungen anfällig ist und nicht damit umgehen kann.[22]

2.3 Überblick: Funktionsweise des Transformationsprozesses

Die Neuorientierung und Umstrukturierung zur klimagerechten und nachhaltigen Idealstadt wird pragmatisch von der bestehenden Stadt ausgehen mit ihren gegebenen Strukturen, Prozeduren und Mechanismen.

Um den Prozess ohne Verzug zu beschleunigen, werden nur störende, ineffiziente Elemente und Vorgehensweisen bei Bedarf priorisiert mit zielführenderen ausgetauscht.

Der Prozess ist unendlich, da die ihn bestimmenden, miteinander korrelierenden und zugleich durch ihn beeinflussten Faktoren sich ständig weiterentwickeln aufgrund von

- neuen Innovationen
- sich verändernden
  - politisch-administrativen Strukturen
  - nationalen Rahmenbedingungen
  - lokalen Gegebenheiten
  - übergeordneten Ziele
- Auswirkungen von Maßnahmen
- Erkenntnissen der Klima- und Nachhaltigkeitsprüfung.

Entsprechend evolvieren somit auch die anzustrebenden Visionen, Ideale und Ziele, sodass der Transformationsprozess ständig angepasst werden muss: Der Transformationsprozess ist somit ein Optimierungskreislauf mit kontinuierlicher Nachjustierung durch Nachrüstlösungen, damit wir uns – unweigerlich – der Vision der klimagerechten und nachhaltigen Idealstadt annähern.

Idealerweise sollten alle Bestandteile des Transformationsprozesses so synchronisiert werden, dass alle Elemente wie Teile eines Puzzles in das Gesamtbild passen.

Komponenten des Transformationsprozess

Von der anzustrebenden → Vision klimaneutrale, nachhaltige Stadt (3) werden für die jeweilige Kommune kurz-, mittel- und langfristige → Ziele (3.1) und Unterziele gewichtet definiert unter Zugrundelegung von:

→ Prinzipien (3.2)
als allgemeingültige, alle Aspekte betreffende Richtlinien und

→ Prozeduren (5)
für das Management und die Organisation des Transformationsprozesses.

Diese grundlegenden Prinzipien und Prozeduren sind auch anzuwenden für die Kategorisierung aller urbanen Belange in thematische, gebietsbezogene und stadtstrukturelle Handlungsfelder → Teil 3. Abbildung 1 veranschaulicht dieses Zusammenspiel:

Abbildung 1: *Interaktion der Handlungsfelder im Transformationsprozess.*

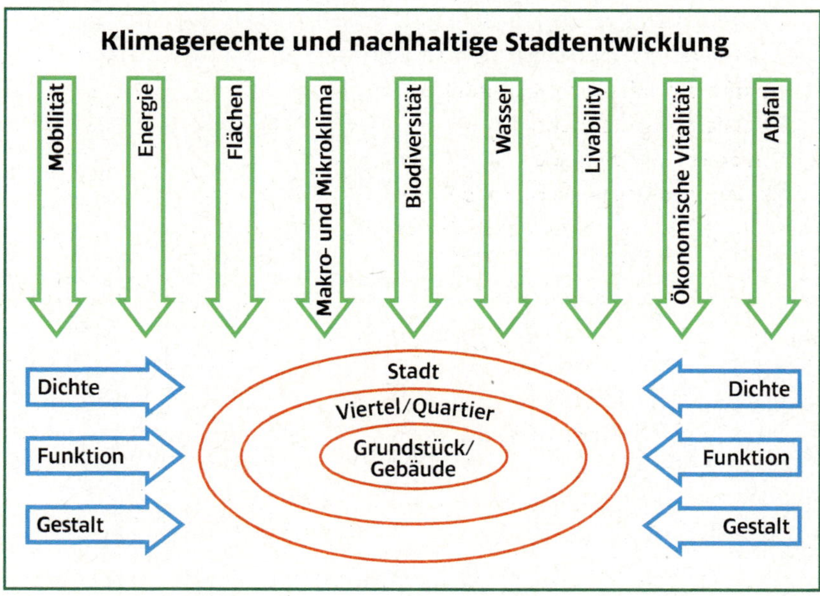

Die sachspezifischen Aspekte der → thematischen Handlungsfelder wirken interaktiv zusammen mit Faktoren der → stadtstrukturellen Handlungsfelder (Dichte, Nutzungs- und Funktionsmischung, Stadtgestalt) wie sektorale, vertikale Säulen auf die verschiedenen geografischen Einheiten der Stadt, wo sie auf ortsspezifische Eigenschaften treffen und der Prozess durch die → **gebietsbezogenen Handlungsfelder** eine lokale Dynamik erfährt.

Sie sind die Bausteine auf Basis eines → strategischen Netzwerkes (5.3) zur Koordination dieses komplexen Optimierungsprozesses mittels

- eines übergeordneten stadtweiten Transformationsrahmens
- suburbaner Pläne und Programme für stadtweite Sachthemen oder einzelne Gebiete
- Realisierungskonzepten bzw. Aktionsplänen für deren Umsetzung.

Das System funktioniert nach dem Top-down-/Bottom-up-Wirkrichtungskonzept: Die obere Ebene setzt den richtungsweisenden Rahmen für die darunter folgenden. Die unteren Ebenen bestimmen bzw. informieren und korrigieren die darüberliegenden Ebenen und sind mit ihnen konform.
Auf Grundlage dieses → strategischen Netzwerkes (5.3) wird das »Wer«, »Wann« und »Wie« des Transformationsprozesses je nach den gesetzten Zielen zeitlich, sachlich sowie finanziell sortiert und priorisiert.

Akteure und Betroffene

Wie können die Potenziale der verschiedenen Akteure und Betroffenen am effektivsten für den Transformationsprozess kombiniert werden? Wie können wir überzeugt werden, unser Verhalten zu ändern? Dieser Aspekt wird unter verschiedenen Gesichtspunkten in den entsprechenden Kapiteln behandelt:

→ Rollen der Akteure (5.1)

→ Partizipation (5.6) der Betroffenen und

→ Anreize zur Verhaltensänderung (5.2).

Aufgrund der Komplexität ist Koordination von allerhöchster Bedeutung, allerdings auch die größte Hürde.

Barrieren der Transformation

Werden identifiziert, und zu ihrer Überwindung wird auf die jeweiligen Kapitel verwiesen.
Berücksichtigung der → Prinzipien (3.2) und → Prozedur (5) sind jedoch deren effektivste Prophylaxe.

Klima- und Nachhaltigkeitsprüfung

Die kontinuierliche Evaluation und entsprechende Nachjustierung gelingt am objektivsten mittels einer als Checkliste fungierenden, alle Prüfsysteme miteinbeziehenden →Klima- und Nachhaltigkeitsprüfung (5.8) mit mess- und vergleichbaren →Indikatoren (5.8.1).

Indikatoren sind für den Erfolg von großer Wichtigkeit: Übersetzt aus den Maßnahmen der jeweiligen von den Zielen abgeleiteten stadtstrukturellen, gebietsbezogenen und thematischen Handlungsfelder, wird mit ihnen die Effektivität des Transformationsprozesses zur Erreichung der Vision der klimagerechten und nachhaltigen Stadt gemessen sowie dessen Nachjustierungen gesteuert. Aufgrund ihrer Rolle wird auf ihren Aufbau gesondert eingegangen. Beispielindikatoren werden aber auch an anderer Stelle, besonders bei den dazugehörigen Maßnahmen, vorgeschlagen.

Abbildung 2: *Optimierungskreislauf des Transformationsprozesses.*

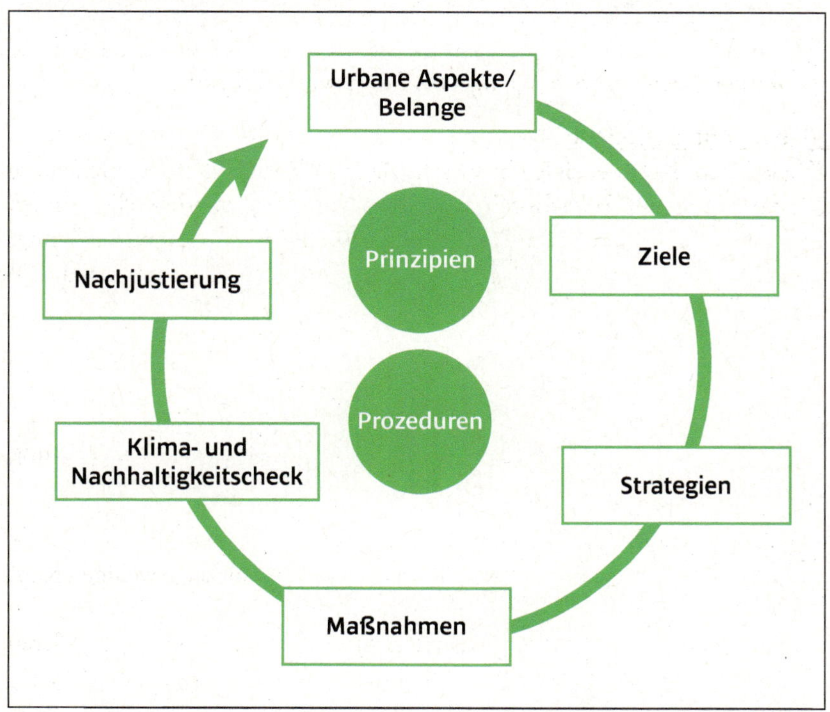

Die Basisstruktur solch eines Transformationsprozesses wäre so etwas wie ein urbanes Grundgesetz, eine »Verfassung der Transformation«, als flexibler Rahmen geltend für alle Städte, innerhalb dessen trotzdem lokale und individuelle Freiräume zum Ausgestalten des Prozesses möglich sind.

3
Vision klimaneutrale, nachhaltige Stadt

Im Sinne dieses Leitfaden zeichnen sich erstrebenswerte Idealstädte aus als: **zukunftsfähige resiliente urbane Systeme, welche sich kontinuierlich klimaneutral und nachhaltig optimieren auch als komfortable Lebensgrundlage für nachfolgende Generationen.**

3.1
Ziele

Aus einer anzustrebenden Idealvision der klimagerechten und nachhaltigen Idealstadt sind konkretere Ziele herzuleiten:

- langfristige, übergeordnete Ziele
- kurzfristige Ziele für den akuten Handlungsbedarf
- Ziele für den Übergang – die eigentliche Transformation.

Die Ziele sollten zudem Bestrebungen auf nationaler und internationaler Ebene widerspiegeln, in Verbindung mit und unter Einbeziehung lokaler Gegebenheiten und Potenziale. Alle Zielen zusammen bilden die Grundlage für die aus ihnen zu entwickelnden

- thematischen
- gebietsbezogenen
- stadtstrukturellen Handlungsfelder des Transformationsprozesses.

→ Handlungsfelder (Teil 3)

→ 2.3 Überblick: Funktionsweise des Transformationsprozesses.

3.1.1 Übergeordnete Ziele

Sie reflektieren universelle Annahmen bezüglich Klimaneutralität und Nachhaltigkeit und dienen als vorrangige Grundsätze zur Konkretisierung der Vision, wie etwa:

- THG-neutral
- mit erneuerbaren Ressourcen
- resilient gegenüber den unvermeidbaren Auswirkungen des Klimawandels
- autark und autonom ohne die Notwendigkeit von Ausgleichsräumen
- gesundheitsfördernd
- geeignet für urbane Lebensqualität.

3.1.2 Kurzfristige Ziele – akuter Handlungsbedarf

Notwendig sind ein sofortiger Stopp weiterer Belastungen der urbanen Belange und die Reparatur bestehender Schäden in allen Handlungsfeldern, z. B. durch Verbote der Verbrennung fossiler Ressourcen, Altlastensanierung, Entzug von THG aus der Atmosphäre etc.

3.1.3 Mittelfristig – die Transformation als Übergang

Hier liegt der Hauptfokus: die zielorientierte, schrittweise, aber radikale Transformation aller → Handlungsfelder (Teil 3) durch:

Förderung, wenn sie die → Vision und Ziele der klimagerechten und nachhaltigen Stadt (3) unterstützen

Änderung, wenn sie

- TGH verursachen oder deren Intensität nicht reduzieren
- fossile Ressourcen verbrauchen bzw. die Nutzung erneuerbarer erschweren
- die zukünftige Anpassung an den Klimawandel behindern.

Parallel dazu: sozialverträgliche Gestaltung der Transformation, z. B. durch:

- finanzielle Unterstützung während einer kurzfristigen Verteuerung, z. B. von Energie
- Vermeidung von Gentrifizierung → 6. Achtung, Barrieren!, eines der Risiken (6.3)

3.2
Prinzipien

Die folgenden Prinzipien sind generelle, allgemeingültige Leitlinien für alle Bestandteile der Transformation zur klimagerechten und nachhaltigen Stadt. Sie dienen der Optimierung und Beschleunigung des Prozesses sowie der Prävention zur Vermeidung von → Achtung, Barrieren! (6).

→ 2.3 Überblick: Funktionsweise des Transformationsprozesses

3.2.1 Vom Bestehenden ausgehend

Das wichtigste Prinzip ist das Recyceln unserer Städte, die *urban regeneration*. Die Wiedernutzung bestehender urbaner Strukturen hat wesentlich geringeren Einfluss auf das Klima und den Verbrauch endlicher Ressourcen in Bezug auf ihre Energie-, Rohstoff- und Flächenbilanz als Neubauten, auch wenn diese nach neuesten Standards errichtet werden.

So verbraucht der Abriss bestehender und die Errichtung neuer hocheffizienter Gebäude viermal mehr Energie als die Sanierung des Bestands. Zudem wird die Umwelt beim Neubau von Strukturen wegen zusätzlichen Verbrauchs an Ressourcen sowie Emissionen durch Abbau, Verarbeitung, Transport und Bauprozesse (z. B. Zementproduktion) belastet. Generell können z. B. neue »Ökostädte« auf der »grünen Wiese« im Umland ihre negative Bilanz wegen Flächen-, Ressourcenverbrauchs und weiterer Wege nicht durch ihre Energieeffizienz wettmachen.

Übergangsweise – also so lange, bis bestehende Strukturen durch »Retrofitting« (Nachrüstung) in ressourcensparende und klimagerechte Kreisläufe eingebunden sind – sollte bei unvermeidlichem Abriss und Neubau ein Standard (z. B. in Prozent) für die Wiederverwertung der Materialien vorgeschrieben werden.

3.2.2 Präventiv – Prophylaxe statt Reparatur

Fundamental für die Transformation ist eine frühzeitige Vorsorge: Schäden durch Einkalkulieren von Langzeitauswirkung vermeiden, statt sie zu reparieren. Der vorbeugende Aspekt kann verbindlich in Strategien verankert werden durch Zusatzformulierungen wie »zu erwarten« in Verbindung mit eventuell möglichen Auswirkungen von Handlung. Dies gilt besonders in Bezug auf die Resilienz gegenüber zukünftigen schwerwiegenden Folgen des Klimawandels.

3.2.3 Dringlichkeit – Funktionierendes bleibt

Aufgrund des näherrückenden Kipppunktes, ab dem die exponentiell verlaufende Klimakatastrophen-Kettenreaktion unumkehrbar wird, darf es keine Verzögerung geben: Aspekte der klimagerechten und nachhaltigen Stadtentwicklung müssen ohne Verzug umgesetzt werden können. Zur Beschleunigung des Transformationsprozesses wird nur Nichtfunktionierendes geändert. Bestehende etablierte Strukturen und Methoden, deren Anwendung erprobt und bekannt sind, sind aus pragmatischen Gründen beizubehalten, bis die Notwendigkeit für etwas Effektiveres besteht. Dieses Prinzip bezieht sich nicht nur auf die Wirkung von Maßnahmen, sondern auch bei

- Gesetzen
- Behördenprozedere
- Aspekten der jeweiligen thematischen und gebietsbezogenen Handlungsfelder
- administrativen Grenzen, genutzt zur statistischen Informationserhebung und zum Vergleich.

3.2.4 Priorisiert – das Wichtigste zuerst

Prioritäten sollten nach Notwendigkeit des Handlungsbedarfs gesetzt werden. Beim Thema Energie sind es z. B. konventionelle Heizungen und Verkehrsmittel mit extrem hohem Verbrauch von endlichen fossilen Ressourcen und nicht Beleuchtung, etwa das Auswechseln von Glühbirnen.

3.2.5 Optimiert

Der Transformationsprozess wird kontinuierlich durch Nachjustieren optimiert:

→ 2.3 Überblick: Funktionsweise des Transformationsprozesses

→ 5.8 Urbane Klima- und Nachhaltigkeitsprüfung

3.2.6 Zielorientiert

Sämtliche Handlungen sollen gegenüber der Ausgangssituation zum Erreichen der Ziele beitragen.

Verbesserungsgebot

Positive Auswirkungen oder existierende Phänomene sollen verstärkt bzw. deren Potenziale dafür gefördert werden.

Verschlechterungsverbot

Negative Auswirkungen

- vermeiden
- nachjustieren, bis neutrale oder positive Auswirkungen erreicht sind
- Ausgleich bzw. Ersatz nicht vermeidbarer Beeinträchtigungen schaffen:
  - gleichwertig und strikt definiert im selben geografischen und thematischen Handlungsfeld, finanziert vom Verursacher
  - als Abwägungssache je nach Empfindlichkeit der Belange, ermittelt anhand der von der Kommune gesetzten Schwellenwerte entsprechend ihren Zielen für den Optimierungsprozess im Transformationsrahmen
  - kein Ausgleich/Ersatz bei Erreichung der dort gesetzten Mindestgrenzen
  - Ist ein Ausgleich/Ersatz nicht möglich, kann er NICHT durch Geld kompensiert werden, also kein sog. Freikaufen.

Art und Umfang der Nachjustierung und eines eventuellen Ausgleiches werden ermittelt während der → Klima- und Nachhaltigkeitsprüfung (5.8).
Für dazu notwendige Gesetzesänderungen → 4.2 Urbaner GesetzesOrdner (unter 4. Legal und legitim).

3.2.7 Zukunftsorientiert

Der langfristige Charakter der Stadt erfordert eine chronologisch koordinierte Vorgehensweise.
Entscheidungen, etwa für neue Gebäude oder Trassen, haben langzeitliche Auswirkungen, die sich oftmals kurz- oder mittelfristig nicht ändern lassen. Die Errichtung einer Siedlung am Stadtrand z. B. bewirkt unerwünschte

Auswirkungen der Suburbanisierung, etwa Pendeln zur Stadt und Flächenverbrauch.
Es bedarf daher zukunftssicherer urbaner Strukturen mit gleichzeitigen kurz- und mittelfristigen Änderungspotenzialen, z. B. langlebige, aber flexible Gebäude und umgestaltbare Räume und deren Verbindungen. Auch dürfen akute kurzfristige Maßnahmen mittel- oder langfristige Ziele nicht behindern.
Zukunftsorientiert bedeutet auch die Einsicht, dass fossile Ressourcen langfristig nicht mehr verfügbar sein werden, sowie generell die Vereinbarkeit von zukünftigen Generationen und heutigem Leben, auch im Sinne der Nachhaltigkeit.

→ 1.3 Definitionen – wovon reden wir

3.2.8 GeRECHT

Um einen gerechten Transformationsprozess zu gewährleisten, bedarf es objektiver und nachvollziehbarer Regeln, die auf Rechtsnormen basieren und für alle Akteure verbindlich sind, aus folgenden Gründen.

Demokratisch
- Auf Grundlage unserer Verfassung
- Rechtsnormen spiegeln Werte wider, sind nachvollziehbar erlassen und werden nicht willkürlich durchgesetzt.

Gleiche Bedingungen
- Gesetze gelten für alle, nicht nur für finanzstarke und einflussreiche Akteure, die die meisten Ressourcen zur Durchsetzung ihrer Interessen haben.

Einforderbare Rechtssicherheit
- Einklagbar und damit als Basis der Rechenschaftspflichtigkeit, zumindest theoretisch. Ohne rechtliche Grundlage ist es praktisch unmöglich, sie einzufordern.

Verbindlichkeit
- Obwohl Veränderungen der Handlungsmuster nicht »von oben« verordnet werden, ist es illusorisch, auf freiwillige Maßnahmen zu hoffen.

- Freiwilligkeit kann schon aufgrund der unterschiedlichen Ziele der Akteure nicht funktionieren. Bei der Wirtschaft geht es z. B. um den Profit, nicht um das Allgemeinwohl.
- Auch kann nicht verlangt werden, dass Individuen bzw. private Haushalte strategische, sie nicht direkt betreffende Aspekte nachvollziehen können müssen.
- Ein eindeutiges Regelwerk, etwa für Investoren, hat sich zusammen mit Überzeugungsarbeit als das Effektivste erwiesen, wie Beispiele aus skandinavischen Ländern zeigen.

Steuerung

- Durch Festsetzungen von Rechtsnormen lassen sich Unternehmen und Haushalte unbewusst lenken und so gewünschte Handlungsmuster initiieren und verankern.

Pragmatische Basis

- Das Baugesetzbuch (BauGB) als realistische Grundlage mit bereits etablierten Prozeduren und Regeln und als »RECHTfertigung« dafür, dass auf gesetzliche Änderungen nicht gewartet werden muss.

Aufgrund der Wichtigkeit von Rechtsnormen für den Transformationsprozess ist ihnen ein eigenes Kapitel gewidmet (→ 4. Legal und legitim). Hier wird die Empfehlung für die Erweiterung des BauGB zum »Urbanen GesetzesOrdner« begründet.

3.2.9 Holistisch

Erforderlich ist ein ganzheitlicher Ansatz zur durchgängigen Berücksichtigung aller Klima- und Nachhaltigkeitsbelange als übergeordnete reguläre Querschnittsaufgabe: das »Mainstreaming« in allen urbanen Verantwortungsbereichen und Handlungsfeldern sowie auch im öffentlichen Bewusstsein.

3.2.10 Koordiniert

Effektive, optimierte Koordination und Synchronisierung von

- Zielen
- Prozessen
- Systemen
- Information
- Wissen

Innerhalb und zwischen den

- horizontalen Ebenen: die kommunalen, nationalen und internationalen politisch-administrativen Ebenen (multilevel)
- vertikalen Ebenen: Sektoren und Fachbereichen (multidisziplinär)
- dort agierenden Organisationen, Institutionen und Akteuren (multiorganisational)

Das gilt besonders an dessen/deren Zuständigkeits- bzw. Gebietsgrenzen, aber auch zwischen visionären Zielen und der konkreten Verwirklichung vor Ort.

Dies sorgt idealerweise für Integration, Rückkopplung sowie Durchlässigkeit und bietet

- Vergleichbarkeit
- kleinräumige Orientierung und Kooperationsstrukturen innerhalb eines strategischen Netzwerkes
- präzise Kenntnisse des Handlungsbedarfs, geleitet von visionären Zielen
- Transfer von Wissen und Erfahrung
- hohe Flexibilität bei Änderungsbedarf, z. B. durch Weiterentwicklung.

Damit soll erreicht werden, dass

- Synergien zwischen den Handlungsfeldern gestärkt werden und einander nicht be- oder gar verhindern
  → 6. Achtung! Barrieren
- Einzelmaßnahmen effektiv oder zumindest nicht kontraproduktiv durchgeführt werden können
  → 6. Achtung! Barrieren
- überall sofort gehandelt werden kann.

Wenn wir jeden Aspekt, jedes Quartier individuell mit einzelnen Akteuren isoliert angehen, wird die Verwirklichung der Klima- und Nachhaltigkeitsziele zu lange dauern und ggf. neue → Achtung, Barrieren! (6) verursachen. Daher muss (!) der Transformationsprozess gleichzeitig an vielen Orten und bei jedem Sachthema mit sämtlichen Akteuren koordiniert stattfinden können, also

- multilevel
- multidisziplinär
- multiorganisational.

3.2.10.1 Multilevel

Horizontale Koordination zwischen den geografischen Gebietseinheiten:

- international (weltweit/global) – UN
- europäisch – EU
- Nationen/Staaten – Bund
- Regionen – Bundesländer
- Kommunen – Städte/Gemeinden
- Stadtviertel/Quartiere
- Grundstücke

Ein Netz der Verlinkung klein- und großräumiger Ebenen.
Das System funktioniert nach dem Top-down-/Bottom-up-Wirkrichtungskonzept:

- Top-down: Die obere Ebene setzt den richtungsweisenden Rahmen für die darunter folgenden.
- Bottom-up: Die unteren Ebenen bestimmen bzw. informieren und korrigieren die darüberliegenden Ebenen und sind mit ihnen konform.

Für:

Ziele und Visionen

Zur Abstimmung, z. B. für die Um- und Übersetzung globaler Bestrebungen und nationaler Verpflichtungen in einem lokalen → Transformationsrahmen (5.3.1). Die Kommunen wiederum beeinflussen die Gestaltung internationaler Vereinbarungen über nationale Gremien.

Strategien

Die Gesamtstrategie ist koordiniert mit kleineren Unterstrategien, die Teil derselben und mit ihr konform sind. Durch Rückkopplung informieren sie die Gesamtstrategie und verändern sie ggf., womit ein gegenseitiges Nachjustieren ermöglicht wird.

Indikatoren

Koordination zwischen den globalen, rahmensetzenden Indikatoren der globalen Sustainable Development Goals (SDG) und den von ihnen abgeleiteten, auf lokalen Gegebenheiten basierenden Indikatoren der Gemeinden. Diese beeinflussen indirekt wiederum durch nationale Organe die internationalen SDGs.

→ 5.8.1 Bestimmung der Indikatoren (unter 5.8 Klima- und Nachhaltigkeitsprüfung).

3.2.10.2 Multidisziplinär

Eine Querschnittsaufgabe wie der Transformationsprozess, bei der Ziele und Maßnahmen alle Sachthemen betreffen, bedarf eines fach- und disziplinübergreifenden Ansatzes. Eine solche vertikale Koordination zwischen den einzelnen Sektoren ist essenziell für die Überwindung des »box thinking«. Gerade die innerbehördliche Aufteilung von Politik und Verwaltung in Ressorts (z. B. Planung, Wirtschaft, Umwelt etc.) birgt Schwierigkeiten. Der bisherige Lösungsansatz »federführend«, wobei ein Ressort die Leitung übernimmt (bisher oft genutzt für die Erstellung einer Strategie), ist ungenügend, besonders bei der konkreten praktischen Umsetzung der Strategie vor Ort, da es hier effektivere Mechanismen der Koordination bedarf.

3.2.10.3 Multiorganisational

Betrifft die Zusammenarbeit zwischen und innerhalb von Organisationen und Institutionen durch Systemansätze der Kooperation unter Beachtung der vielen, oft gegensätzlichen Interessen.

→ Rolle der Akteure (5.1) und

→ Kooperationen (5.5) unter 5. Prozedur

3.2.11 Wissenschaftsbasiert

Die Nachjustierung und Optimierung des Transformationsprozesses sollte informiert werden auf Basis neuester wissenschaftlicher Forschung zu allen Aspekten der klimagerechten und nachhaltigen Stadtentwicklung.

Für

- multiple Interdependenzen und Synergien von Wechselwirkungen der urbanen Prozesse
- Wirksamkeit von Strategien, Maßnahmen und Regulierungsprozessen
- Risikoabschätzung bei Extremwetterereignissen

Damit soll gewährleistet werden, dass der oftmals in Gesetzen verankerte Grundsatz des »gegenwärtigen Wissensstands« auch wirklich auf neuesten Erkenntnissen beruht.

Forschungen zur klimagerechten und nachhaltigen Stadt sollten zudem entschlossen, konsequent und ergebnisoffen verfolgt werden: Ungefilterte Ideenfindung ohne Restriktionen sollte gefördert werden mit anschließender – pragmatischer – Analyse, welche Bedingungen und bestehenden Gegebenheiten dafür geändert werden müssten.

3.2.12 Kostenwahrheit

Das ist eine Berechnung für korrekte Preise von Gütern und Dienstleistungen, die alle tatsächlichen Kosten widerspiegeln:

- Kosten der Klimaschäden durch Verursachung von THG (z. B. durch die Verbrennung fossiler Brennstoffe)
- inkludierte Folgekosten für weitere Umweltschäden, Gesundheit, Abfallbehandlung etc.
- Knappheitsverteuerung von nichterneuerbaren Ressourcen (Angebot und Nachfrage).

Klimaschädliche und nicht nachhaltige Güter und Dienstleistungen sind dann im Vergleich zu klimafreundlichen und nachhaltigeren teurer und somit wirtschaftlich unrentabel.

Als neu zu kalkulierende volks- bzw. betriebswirtschaftliche Berechnungsgrundlage beeinflussen solche korrekten Preise indirekt auch Investitionen, da dessen Ignorieren durch phasenverschobenes Auftreten der negativen zukünftigen Folgen traditioneller Bepreisung verschleiert wird.

3.2.13 Partnerschaftlich

Aufgrund der Vielfältigkeit und Komplexität ist »Governance« von Klimabelangen in einem Mehrebenensystem nur in Partnerschaft durch Zusammenarbeit zu bewältigen: von der Zielfindung über die Strategie bis zu Umsetzung und Finanzierung.
Der Wechsel vom Ansatz der klassischen kommunalen Angebotsplanung zu innovativen Kooperationsmodellen setzt jedoch entsprechende Rahmenbedingungen für klare Zuständigkeiten und Verantwortlichkeiten voraus.

3.2.14 Digital

Einsatz modernster digitaler Technologien:
online zur Sicherung der Koordination und Kommunikation für:

- Forschung: Plattformen für Datenaustausch
- Praxis: für alle Akteure zugängliche Projektmanagement-Programme
- Partizipationsprozesse, z. B. über soziale Medien
- Effektivität und Effizienz der Steuerung von Infrastrukturen für Wasser-, Strom-, Verkehrs- und Kommunikationssysteme

Vorsicht bei der Zerstörung durch Katastrophen, bei denen digitale Netze gleichzeitig ausfallen.

TEIL 2

Rahmenbedingungen und Prozedere des Transformationsprozesses

Empfehlungen für optimierende und beschleunigende Prozeduren:

- **rechtliche Basis**
- **Akteure**
- **Anreize zur Verhaltensänderung**
- **strategisches Netzwerk**
- **Realisierung**
- **Kooperationen**
- **Partizipation**
- **Klima- und Nachhaltigkeitsprüfung**
- **Finanzierung**
- **Vermeidung von Barrieren**

4
Legal und legitim

Urbane Ge»Recht«igkeitsnormen für den Transformationsprozess zur klimagerechten und nachhaltigen Stadt.

Zu den Gründen, warum eine gesetzliche Verankerung von Klima- und Nachhaltigkeitsaspekten fundamental ist → Prinzip GeRECHT (3.2.8).

Auf gesetzliche Änderungen braucht und darf jedoch nicht gewartet werden. Dennoch sollten Rechtsgrundlagen aufgrund der Komplexität des Prozesses zu einem »Urbanen GesetzesOrdner« zusammengefasst und erweitert werden.

4.1
Bestehende Rechtsgrundlage

Das **Baugesetzbuch (BauGB)** ermöglicht bereits *jede* Klimaschutz- und Anpassungsmaßnahme:

- Die Unterstützung der Vision für zukunftsfähige, THG-neutrale und nachhaltige urbane Systeme kann aus seinen Grundsätzen und Aufgaben interpretiert werden.
- Der Rechtsstatus von Klima- und Nachhaltigkeitsaspekten ist (wenn auch indirekt) bereits gewährleistet durch deren gesetzliche Verankerung. Definiert als Aufgaben der Bauleitplanung (BLP), sind sie als Belange gleichwertig in der Abwägung zu berücksichtigen. Dies gilt implizit auch für informelle urbane Strategien sowie bei Einzelmaßnahmen und Projekten in deren Geltungsbereich.

Das BauGB

- bietet mit der BLP rechtliche Vorgaben für die
  - Darstellung der strategischen Aufteilung und Nutzung der Flächen für urbane Funktionen und von Netzen für Versorgung, Mobilität und Infrastruktur im Flächennutzungsplan

- Festsetzungen im Bebauungsplan, z. B. der Katalog des § 9 BauGB mit Gestaltungsmöglichkeiten detaillierter Klima- und Nachhaltigkeitsaspekte

- beinhaltet eine Prüfungspflicht für Auswirkungen auf Belange
- verfügt mit dem besonderen Städtebaurecht über formelle und informelle Instrumente und Verfahren mit räumlich abgegrenzter Wirkung, wenn urbane Gebiete – auch unter Berücksichtigung der Belange des Klimaschutzes und der Klimaanpassung – den Anforderungen an sie nicht entsprechen und ihre Aufgaben durch Missstände sowie Funktionsverluste, aber auch durch ihre besondere Bedeutung für die Entwicklung der Gemeinde nicht erfüllen können
- befasst sich mit der Stadtgestalt und baulichen Eigenheiten bestimmter Räume in der Stadt
- stellt etablierte Strukturen, Methoden und Mechanismen für die Organisation, die Kooperation (Verantwortlichkeiten, Beteiligung, Koordinierung) und Finanzierung bereit.

Allerdings ist die Anwendung – trotz verschiedener Novellen – recht sperrig, umwegig und interpretativ sowie in Bezug auf die Verbindung zu anderen Rechtsnormen unnötig umständlich.
Es bedarf daher einer Erweiterung zu einem »Urbanen GesetzesOrdner«.

4.2 Urbaner GesetzesOrdner

Als Rechtsgrundlage für den sich ständig optimierenden Transformationsprozess wird eine Synchronisierung von einzelnen Gesetzen, die urbane Räume betreffen, zu einem umfassenderen Rahmengesetz notwendig sein mit

- Klarstellungen und Neuinterpretationen etablierter Definitionen
- Ergänzungen und Änderungen der Anwendungsbereiche
- Verlinkungen und Bündelungen mit anderen Rechtsnormen.

4.2.1 Effizienterer Aufstellungsprozess

Bei Bedarf werden nur zu korrigierende Aspekte entsprechend verändert, welche somit schneller rechtskräftig würden (wie bei einem Ordner, in dem nur bestimmte Unterlagen ausgetauscht werden).

4.2.2 »Entwicklung« statt Bestand und Neubauvorhaben

Da es langfristig um die Wiedernutzung bestehender urbaner Strukturen geht, ist der Begriff »Entwicklung« passender und ermöglicht auch die Anwendung fortschrittlichster Neuregelungen auf den Bestand, z. B. wenn Reparaturen/Wartungsarbeiten anfallen.

4.2.3 Bauleitplanung und informelle Planung

Angleichung der Rechtswirkung zwischen der bindenden Bauleitplanung und informellen Plänen und Programmen, wie etwa Stadtentwicklungs- oder Klimaschutzstrategien:

Dazu sind folgende Klärungen notwendig:

- Grenzgenauigkeiten und Rechtswirkung bei der Darstellung von Visionen. So sind illustrativ eingezeichnete Bäume immer wieder ein Diskussionsthema mit Investoren (»Wo kommt der Wald her?«).
- Definition des Außenbereichs, z. B. für Standorte zur Gewinnung erneuerbarer Energien, etwa Windkraft
- Auswirkung auf die Bodenordnung.

4.2.4 Einzelmaßnahmen und Instrumente mit räumlich abgegrenzter Wirkung

Die Geltungsbereiche dieser beiden Instrumente für die damit einhergehenden Rechte und Pflichten sollten angeglichen und im → strategischen Netzwerk (5.3) festgelegt werden. Damit würde erreicht, dass jede Einzelmaßnahme zu jeder Zeit überall in der Stadt verwirklicht werden kann und nicht nur im Rahmen eines gebietsbezogenen Verfahrens, etwa eines Sanierungsgebietes.

Dieser Aspekt wird eingehender diskutiert in den Kapiteln:

→ 8.2.2 Vorteile von Instrumenten mit räumlich abgegrenzter Wirkung und deren

→ 8.2.3 Änderungsbedarf (unter 8.2 Viertel/Quartiere)

4.2.5 Definition der Belange

Eine klare Nennung und Definition der Klima- und Nachhaltigkeitsaspekte als urbane Belange in § 1 ist nötig als Basis für deren mess-, vergleich- und monitorbare Indikatoren als Teil der Klima- und Nachhaltigkeitsprüfung. Dies würde erreicht durch:

- Verweis zu einer Liste ebendieser Belange in einem gesonderten Paragrafen
- Erweiterung um den Begriff »nachhaltig« (endliche Ressourcen, zukünftige Generationen).

4.2.6 Klima- und Nachhaltigkeitsprüfung

Anzuwenden für *alle* strategischen Dokumente als Bestandteile des → strategischen Netzwerkes (5.3), also für den Transformationsrahmen jeder Stadt, suburbane Pläne und Programme, Konzepte etc. und implizit somit auch für Projekte und Einzelmaßnahmen in deren Geltungsbereich.

- Mandatorische Ausweitung des Prüfprozesses bzw. Klarstellung des Umfangs auf alle Klima- und Nachhaltigkeitsbelange
- Kombination der verschiedenen Testsysteme und Verfahren in einer Klima- und Nachhaltigkeitsprüfung

Eine so erweiterte Prüfung ermöglicht, dass Auswirkungen auf alle urbanen Belange mit ihren Interdependenzen bewertet werden können.

Dieses gilt besonders in Bezug auf die Umweltverträglichkeitsprüfung (UVP) auch wegen der problematischen Prüfbeziehung von Einzelmaßnahmen bzw. Projekten zu strategischen Dokumenten. Dies diente allerdings auch nur der Verdeutlichung: Ohnehin gelten schon laut § 17 UVPG für die Umweltprüfung in der Bauleitplanung ausschließlich die Bestimmungen des BauGB. In einem Bauleitplan, bei dem eine Strategische Umweltprüfung Pflicht ist, werden Festsetzungen getroffen, die für Vorhaben innerhalb eines Plan-

gebiets Vorgaben machen – er schafft somit Zulassungsvoraussetzungen (§§ 29 und 30 BauGB) für diese.
Umfang und Inhalt der im BauGB geforderten Prüfung sollten entsprechend geändert und zu »Klima- und Nachhaltigkeitsprüfung« umbenannt werden.

Bewertung der Klima- und Nachhaltigkeitsbelange

Klimaschutz, -anpassung und Nachhaltigkeit sind bereits im BauGB bei den Grundsätzen und Aufgaben der Bauleitplanung genannt, allerdings gesondert zu den bei der Aufstellung der Bauleitpläne zu berücksichtigenden Anforderungen, Bedürfnissen und Belangen.
Sie sind momentan also nur indirekt bei der Aufstellung zu berücksichtigen. Obwohl sie bereits als Querschnittsaufgaben interpretiert werden könnten, sollte dies mittelfristig betont und hervorgehoben werden.

Vorschlag:
»Für die Klima- und Nachhaltigkeitsbelange wird eine Prüfung durchgeführt, bei der die voraussichtlichen erheblichen positiven und negativen Auswirkungen ermittelt und in einem Bericht beschrieben und bewertet werden.«

Abwägung

Irgendwann werden ALLE urbanen Belange die Version der klimagerechten und nachhaltigen Stadt unterstützen und müssen nicht mehr unter- und gegeneinander abgewogen werden.
→ 2.3 Überblick: Funktionsweise des Transformationsprozesses

Bis dahin sollten Klima- und Nachhaltigkeitsbelange nicht gleichwertig, sondern höher bewertet werden und dürfen auf keinen Fall weggewogen oder im Zweifelsfall in der Abwägung zu gering bewertet werden.

Vorschlag:
»Bei der Aufstellung der strategischen Pläne und Programme sind alle Belange, die für die Abwägung von Bedeutung sind (Abwägungsmaterial), zu ermitteln und zu bewerten.«

Der Prozess der Abwägung sollte standardisiert werden, um für die Akteure systematisch durchführbar und nachvollziehbar zu sein. Dazu müsste er in die Klima- und Nachhaltigkeitsprüfung integriert werden und nicht erst anschließend stattfinden.

Vorschlag:
»Das Ergebnis der Abwägung ist in der Prüfung zu berücksichtigen.«

Berichterstattung
Vorschlag:
»Der Klima- und Nachhaltigkeitsbericht wird entsprechend der Anlage X des Urbanen GesetzesOrdners ausgearbeitet.«

4.2.7 Erweiterung des städtebaulichen Vertrags

Anzuraten ist die Ausweitung des Kataloges der möglichen Vertragsgegenstände entsprechend dem → Transformationsrahmen (5.3.1) der jeweiligen Stadt.

4.2.8 Eingriffs-Ausgleichs-Regelung

Um dem Verbesserungs- und Verschlechterungsverbot (→ 3.2.5 Prinzip Optimiert) gerecht zu werden, sollte die Eingriffsregelung für alle Auswirkungen auf die Klima- und Nachhaltigkeitsbelange gelten, also nicht nur die Verhinderung negativer, sondern auch eine obligatorische Förderung positiver Potenziale.

Vorschlag:
»Neben der Beschreibung der Auswirkungen sind die Maßnahmen zur Vermeidung, Verringerung (Minderung) und zum Ausgleich (Kompensation) der nachteiligen Auswirkungen und Stärkung der positiven Potenziale darzulegen.«

4.2.9 Bestimmungen für Anforderungen

- Mindestanforderungen für zielführende Aspekte, z. B. Versorgung mit erneuerbaren Energien
- Höchstgrenzen für nicht zielführende Aspekte, z. B. Parkplätze für Pkw
- dazu entsprechende Änderung der Muss-, Soll- und Kannvorschriften

4.2.10 Verlinkung zu weiteren Rechtsnormen für urbane Räume

Verweise zu anderen relevanten Rechtsnormen sollten im Urbanen GesetzesOrdner gebündelt werden, welche dann – vice versa – zurück zum Urbanen GesetzesOrdner verweisen, um ein umfassendes, verlinktes Rechtsnetz zu gewährleisten.

Grundsätzliche Änderungen im Urbanen GesetzesOrdner sollten dann in anderen Normen entsprechend aufgegriffen werden, z. B:

- Art und Umfang von Ausgleichsregelung im Bundesnaturschutzgesetz (BNatSchG)
- Anpassung an die europäische Richtlinie zur Strategischen Umweltprüfung 2001/42/EG
- Baunutzungsverordnung (BauNVO)
- Raumordnungsrecht, gerade für Metropolregionen
- Bauordnungsrecht, z. B. zur Standsicherheit (Wind- und Schneelasten)
- Straßenverkehrsordnung (StVO) zur Umsetzung der Mobilitätswende
- Gemeindesatzungen zur Gestaltung urbaner Räume, Erhaltung von deren Eigenarten etc.
- Bundes-Immissionsschutzgesetz (BImSchG), z. B. bei Störfällen durch Naturkatastrophen
- Wasserhaushaltsgesetz (WHG) zur nachhaltigen Bewirtschaftung der Gewässer, auch zur Vorbeugung möglicher Folgen des Klimawandels
- Kreislaufwirtschafts- und Abfallgesetz (KrW-/AbfG) zu Vermeidung und Verwertung von Abfall.

5
Prozedur

Empfehlungen für die Methodik des Transformationsprozesses zur klimagerechten und nachhaltigen Stadt.

Unter Zugrundelegung der → Prinzipien (3.2) geht es hier um:

- die Rolle der Akteure
- Anreize zur Verhaltensänderung
- das strategische Netzwerk
- die Realisierung
- Kooperationen
- Erfolgskontrollen durch kontinuierliches Monitoring
- Partizipation der Betroffenen
- die Urbane Klima- und Nachhaltigkeitsprüfung
- Finanzierung.

Diese Methodik dient der Optimierung und Beschleunigung des Prozesses sowie der Prävention zur Vermeidung von → Achtung, Barrieren! (6).

→ 2.3 Überblick: Funktionsweise des Transformationsprozesses

5.1
Rolle der Akteure

Der Transformationsprozess kann nur gelingen, wenn alle beteiligten Akteure effektiv zusammenarbeiten. Dazu ist es notwendig, dass sie sich ihrer Rolle und derer der anderen bewusst sind, mit ihren dazugehörigen

- Zielen
- Aufgaben
- Potenzialen und Möglichkeiten, Einfluss zu nehmen
- Handlungsgrenzen.

5.1.1 Kommunen/Gemeinden

Sie sind eine Gebietskörperschaft mit umfassenden gesetzlich verankerten politischen und administrativen Zuständigkeiten für urbane Angelegenheiten (z. B. Planungshoheit).

Ziel:
- Gemeinwohl

Rolle:
rechenschaftspflichtiges Orchestrieren:
- Organisation des Transformationsprozesses
- Federführung bei
  - Strategien, z. B. des Transformationsrahmens
  - Klima- und Nachhaltigkeitsprüfung
- zuständig für Ordnungsmaßnahmen wie Infrastruktur und Versorgungsanlagen als öffentliche Aufgaben
- Koordination der Zusammenarbeit und Partnerschaften
- Abwägung der Interessen
- verantwortlich für Partizipationsprozesse
- Kontrollfunktion bei der Realisierung von Standards

Potenziale:
- Etablierung zukunftweisender, höherer Standards
  - in urbanen Strategien
  - im Beschaffungswesen für öffentliche Einrichtungen und für Lieferanten
  - bei der Auswahl von Planungsalternativen, Wettbewerben etc.
- Anreize anbieten für private Investoren
- Vorbildfunktion, z. B. bei öffentlichen Gebäuden
- durch Internetpräsenz mit Fakten über Vorhaben potenzielle Desinformationen in den sozialen Medien entgegentreten
- Aufbau von externen Partnerschaften
- kreative Bündelung von Finanzierungspaketen
- harmonischere Zusammenarbeit zwischen Lokalpolitik und Verwaltung

Handlungsgrenzen:

→ Achtung, Barrieren! (6)

- Finanzierung (Lobbyismus)
- Zusammenspiel Verwaltung/Politik
- Einbeziehung von suburbanen Verwaltungsorganen wie Stadtteilbeiräten
- Einflussnahme auf übergeordnete Strategien
- Koordination an Gebietsgrenzen
- Reaktion auf manipulative »Fake News«-Kampagnen, z. B. über soziale Netzwerke

5.1.2 Bürger

Ziel:

- persönliches Wohlbefinden
- Verbesserung des Alltags

Rolle:

- Verantwortung für das unmittelbare Wohn- und Lebensumfeld
- integrierter Teil, Nutzer und Verursacher eines übergeordneten Kreislaufes

Potenziale und Möglichkeiten, Einfluss zu nehmen:

- kennen ihr Umfeld am besten: was funktioniert, was nicht und warum
- Konsumverhalten (Kaufkraft) für klimagerechte und nachhaltige Produkte sowie Dienstleistungen
- private Investitionen (Haushalt/Wohnung)
- Lobbying durch Bürgerinitiativen → 5.6 Partizipation
- als potenzielle Multiplikatoren innerhalb ihrer Community

Handlungsgrenzen:

→ Achtung, Barrieren! (6)

- Eigeninteresse (»NIMBY«-Syndrom, etwa bei Windkraftanlagen)
- Sachkenntnis (Bürger sind nun mal keine Experten)
- keine übergeordnete strategische Verantwortung, ein Privathaushalt wird nicht ohne Weiteres über strategische Aspekte abstimmen können – eine generelle Hürde auch bei Volksbefragungen

5.1.3 Privatwirtschaft

Ziel:

- Profit

Rolle:

- Reagieren auf Konsumverhalten und Vorschriften

Potenziale:

- Bereitstellung entsprechender klimagerechter und nachhaltiger Produkte sowie Dienstleistungen
- Werbeeffekt, grünes Kaufengagement von Lieferanten oder Kunden
- unternehmensinterne Investitionen

Handlungsgrenzen:

→ Achtung, Barrieren! (6)

- Erwartung, aufgrund des Gemeinwohls oder gesellschaftsstrategisch zu agieren
- neueste Rechtsvorschriften und Anforderungen
  - Verunsicherung
  - Lobbyismus
- Unkenntnis über Klima- und Nachhaltigkeitsmöglichkeiten:
  - technische Aspekte: z. B. warum und wie THG-Emissionen gemessen werden
  - was für Potenziale bestehen und welche Änderungen, z. B. bei Unternehmungsstruktur, Zielen etc., dazu notwendig wären
  - welche Beratungsangebote es gibt, z. B. zur Finanzierung oder für geplante Investitionen

5.1.4 Wissenschaft

Ziel:

- Erkenntnisgewinn

Rolle:

- Forschung zu allen Aspekten der klimagerechten und nachhaltigen Stadtentwicklung
- Information über neueste Ideen und Methoden für den Transformationsprozess

Potenziale:

- Unterstützung der Städte durch Universitäten mit ihren Datenplattformen und Forschungsprogrammen, z. B. durch Einrichtung wissenschaftlicher Beiräte unter dem Vorsitz eines wissenschaftlichen Beraters
- Aufbau von Kapazitäten
- Begleitung von Studien

Handlungsgrenzen:

→ Achtung, Barrieren! (6)

- Abhängigkeiten durch Finanzierung

5.2 Anreize zur Verhaltensänderung

Ziel ist die Bereitschaft, das alltägliche Wertesystem, das Bewusstsein für und die Akzeptanz von Klima- und Nachhaltigkeitsaspekten und somit letztendlich Verhaltens- und Handlungsmuster zu ändern:

5.2.1 Aufklärung, Weiterbildung und Beratung

Das betrifft alle am Prozess Beteiligten → 5.1 Rolle der Akteure.

Förderung der Klima- und Nachhaltigkeitsmündigkeit (»Capacity Building«) durch Stärkung der Analyse-, Entscheidungs- sowie Argumentationskompetenzen für Klima- bzw. Nachhaltigkeitsbelange, um fundiert einen Bezug zur eigenen Lebenswirklichkeit herzustellen.

Für kommunale Organisationen:

kontinuierliche Aus-, Weiterbildung, Qualifizierungen etc.:

- Hospitationen in anderen Fachämtern/Behörden
- interne Schulungen des Personals zu Zielen, neuen Leitlinien und gesetzlichen Verfahren
- Seminare zu den neuesten Innovationen
- mithilfe von Beratern, die das Personal als »kritischer Freund« durch die entsprechenden Prozesse führen

Für Bürger:

- Sensibilisierung für Kraftstoff-, Energie- und Wasserverbrauch, Kosten und Quellen
- Rückkopplung zwischen individuellem Handeln und dessen negativen bzw. positiven Folgen

Private Unternehmen:

- Bewertung der Auswirkungen neuer Anforderungen und Entwicklungen, z. B. wie und wo zu investieren ist
- interne Potenzialanalysen und »Compliance Audits«

Durchführung der Aufklärung, Weiterbildung und Beratung mittels:

Seminaren, Workshops und Beratungsstellen etc.
mit niederschwelligen Kontaktmöglichkeiten:

- digital (Apps etc.)
- analog (z. B. Umwelttelefon, Drop-in bei der Stadtverwaltung)

Ratgeber als »Gebrauchsanweisungen«
für spezifische Projekte, Strategien, Management etc. als:

- Schritt-für-Schritt-Anleitung
- spezielle Entscheidungshilfen
- technische Unterstützung bei Designkonzepten

Zur Informationsvermittlung, z. B:

- Welche Maßnahmen gibt es?
- Mit welchen Kosten sind sie verbunden?
- Welche Wirkung ist zu erwarten?
- Von wem werden sie durchgeführt?
- Zu welchem Zeitpunkt sind sie in die Planung zu integrieren?
- Wie sind die Nutzer mit einzubeziehen?
- Welche Finanzierungsmöglichkeiten gibt es?

5.2.2 Werbung und Prestige

Werbung mit Klima- und Nachhaltigkeitsthemen als Zeichen, dass

- ▸ klimagerechte Produkte und Dienstleistungen sich finanziell lohnen
- ▸ sie in der Mitte der Gesellschaft angekommen sind
- ▸ es schick und damit erstrebenswert ist, nachhaltig zu sein, während gegenteiliges Verhalten mit einem schlechten Gewissen verbunden ist, z. B. »Bauscham«[23]

→ Achtung, Barrieren!, Risiko (6.3): »Greenwashing« ist eine Strategie, mit der meist kommerzielle Akteure ein nachhaltiges Image erlangen möchten ohne ein entsprechendes Portfolio.

5.2.3 Demonstrativbeispiele, Experimente und Pilotprojekte

Durch Vorbildwirkung mit Vorzeigefunktion bieten sie Potenzial für:

- ▸ Erprobung der Veränderungen bzw. Wirksamkeit von (Bau-)Technologien, Planungs- und (Nutz-)Prozessen sowie Verhaltensmustern
- ▸ Erfahrung und Beschleunigung der Prozesse von der theoretischen Konzeption bis zur Praxisreife
- ▸ »Best Practice« – Übertragbarkeit in die Praxis auf unterschiedliche Kontexte und auf andere Städte
- ▸ Überzeugung durch gelebte Beispiele (»planning for real«)
- ▸ Akzeptanz für ein verändertes Designverständnis in der → Stadtgestaltung (7.3)
- ▸ Freiraum für Experimente und modellhafte Innovationen
- ▸ Funktion als Leuchttürme mit Strahlkraft.

Durchführung:

- ▸ wissenschaftsbasiert/-begleitet
- ▸ gezielt initiiert und gefördert
- ▸ systematische Auswertung der Erfahrung
- ▸ Diskussion der Ergebnisse in der Öffentlichkeit und der Fachwelt
- ▸ erfolgreiche Ideen und Technologien der Experimente skalieren

5.2.4 Besuchbare Vorbildstädte

Sie veranschaulichen, was bereits möglich ist und warum. Zudem sind sie erfolgreiche Praxisbeispiele für die Verwirklichung und Umsetzung von verschiedenen Aspekten der klimagerechten und nachhaltigen Stadtentwicklung.

Der Fokus ist weltweit recht unterschiedlich:

- in Skandinavien oftmals das ganze System Stadt betreffend (Kopenhagen)
- in angloamerikanischen Metropolen meist auf Teilaspekten (besonders Energieversorgung) basierend
- im asiatischen Raum auf technologische Lösung fokussierend (E-Mobilität).

Trotzdem gibt es bei diesen Städten gemeinsame Gründe für den Erfolg. Sie liegen in

- einem mutigen Government
- Investitionen als Vorausleistung
- einem qualitativ hochwertigen, attraktiven Design
- einer einforderbaren rechtlichen Basis.

Beispiele

- Barcelona und Madrid für Superblocks
  → 9.1. Mobilität und Erreichbarkeit
- Bogotá – als Beispiel für eine nutzerorientierte Infrastruktur: Da 80 % der Bevölkerung keinen Zugang zu einem Pkw haben, wurde dort in ÖPNV und Radwege investiert, damit diese Gruppe mobiler werden kann.
- In Deutschland gilt Freiburg historisch als Modell der Nachhaltigkeit: umgebaut u. a. mit einem integrierten Verkehrssystem (was zu einer der niedrigsten Autobesitzraten im Land führte), einer hohen Konzentration von energieeffizienten Passivhäusern und einen Fokus auf Recycling.

5.2.5 Verfügbare Alternativen

Erforderlich ist das Bereitstellen von realistischen Wahlmöglichkeiten, die günstiger, schneller, einfacher, also praktischer sind, besonders bei Mobilität und Energienutzung. Einerseits gibt es Unverständnis bei Maßnahmen zur Reduktion des Autoverkehrs ohne vorhandene Alternativen. Allerdings wird andererseits die Nachfrage für Alternativen erst steigen, wenn ein Bedarf dafür spürbar ist. Dieses wird sichtbar, z. B. bei der Reduktion von Parkplätzen zur Steigerung der ÖPNV-Nutzung.

→ 9.1. Mobilität und Erreichbarkeit

5.2.6 Vereinfachte Prozeduren

Sie ermöglichen die Verwirklichung der Visionen und Ziele, z. B. in den Bereichen:

- Müllvermeidung
- Energieerzeugung, etwa
- für Prosumer, also gleichzeitige Konsumenten und Produzenten,
- Standorte für z. B. Windkraft etc.
- Mobilität (Umstieg auf nachhaltige Verkehrsmittel)

5.2.7 Finanzielle Impulse

Ökonomische Anreize könnten durch direkte und indirekte Preissteuerung stimuliert werden.

→ 5.9 Finanzierung

Hierbei werden die realistischen Kosten einkalkuliert (inklusive Bepreisung aller Folgen von Auswirkungen und Knappheit der Ressourcen) als Entscheidungsgrundlage für nachhaltige Alternativen.

→ Prinzip Kostenwahrheit (3.2.12)

Steuern

Sie sind im wahrsten Sinne des Wortes eine Lenkung zu nachhaltigerem und klimafreundlicherem Verhalten.

Förderung und Zuschüsse

Verbunden mit nachhaltigkeitsfördernden Bedingungen und Modalitäten:

- vorrangiges »Retrofitting« des Bestands: Ein bestimmter Prozentsatz der Summe sollte für klimagerechte und nachhaltige Maßnahmen zweckgebunden sein.
- Umsiedlung von unpassenden Nutzungen

- Kriterien: Vergabe nach Qualität und nicht nach dem höchsten Gebotspreis. Wie das möglich ist, zeigt die erfolgreiche Entwicklung der HafenCity Hamburg.
- Vernachlässigung durch Eigentümer aktiv entgegenwirken

Versicherungspflicht

Bei Elementarschadensereignissen böte diese Anreize für die Umsetzung von präventiven Maßnahmen, die die Schadensausmaße reduzieren helfen. Wenn keine Versicherung möglich ist, könnte dies Entscheidungen etwa gegen eine ungewünschte Bebauung auf potenziellen Überschwemmungsflächen unterstützen.

Staatliche Investitionen und Subventionen

- bis Skaleneffekte einsetzen, die sich selbst tragen
- Vergünstigungen, z. B. für ÖPNV

Förderorganisationen

Bereitstellung von Stipendien für fachübergreifende Forschung und vergleichende Studien

Mitkontrolle und Verantwortung

Beispiel: Samsø, Dänemarks Energieinsel
Durch Beteiligung am Masterplan, also die Schaffung von Einflussmöglichkeiten auf die Lage von Windturbinen, Solarpaneelen und Heizkraftwerk sowie die Bestimmung, wer Eigentümer der Anlagen werden könnte, wurde die Energiewende der Insel erfolgreich umgesetzt. Die Insel ist nun Selbstversorger mit THG-neutraler erneuerbarer Energie. So wurde, wenn auch ironisch, kommentiert: »Wenn man einen finanziellen Anteil an einem Windrad hat, macht es keine Geräusche mehr, und es sieht auch schöner aus.«[24]

5.2.8 Bedingung setzen

Nur auf Überzeugung und Einsicht bei der Verhaltensänderung zu setzen, ist eine → Achtung, Barrieren! (6) für den Transformationsprozess.
Eine Zulassung bzw. Förderung sollte nur bei Beachtung der → Ziele (3.1) und der Einhaltung der oben genannten → Prinzipien (3.2) nach verbindlichen Regelungen gewährt werden. → Prinzip GeRECHT (3.2.8)

5.3
Strategisches Netzwerk

Idealerweise wären alle urbanen Strategien systematisch verlinkt, um das »Was«, »Wie«, »Wer« und »Wann« des Optimierungsprozesses zur klimagerechten und nachhaltigen Stadt zu koordinieren, zu priorisieren und dann entsprechend den Zielen zu verwirklichen.

So ein strategisches Netzwerk bestände aus:

- einem Transformationsrahmen als stadtweitem, übergeordnetem Orientierungsfahrplan
  = eine Erweiterung des Flächennutzungsplanes
- suburbanen Plänen und Programmen für Sachthemen oder Stadtgebiete
  = inklusive des weiterentwickelten Bebauungsplanes.

Eine synergetische Wirkung würde entfaltet durch:

- Förderung von Potenzialen
- Verstärkung der positiven Effekte
- Verhinderung und Korrektur von negativen Auswirkungen
- kumulative Effekte: Maßnahmen in der Summe sind erfolgreicher als einzelne
- Identifikation von → Achtung, Barrieren! (6) durch Vermeidung von → Zielkonflikten (6.2) und → Risiken (6.3).

So ein Netzwerk würde als Grundlage jedweden Handelns dienen, damit alle Vorhaben und Maßnahmen jederzeit koordiniert stattfinden können, sobald finanzielle Mittel, von wo auch immer, vorhanden sind.
Inklusive

- Resilienzaspekte einschließlich Katastrophenschutz
- Partizipationsmechanismen
- Aufgabenaufteilung aller Akteure
- entsprechende → Indikatoren (5.8.1) für die → Klima- und Nachhaltigkeitsprüfung (5.8)
- Erfolgskontrolle durch kontinuierliches Monitoring

Präzise, so kurz wie möglich und lang wie nötig: ein effektives Handlungsdokument – kein Roman für einen Literaturpreis – mit übersichtlicher Inhaltsangabe und Stichwortverzeichnis.
Ratifiziert als von der Kommune beschlossene und damit legitimierte, für alle Akteure bindende Instrumente, bilden sie eine rechtliche, einforderbare Grundlage der Transformation.

→ 2.3 Überblick: Funktionsweise des Transformationsprozesses

5.3.1 Transformationsrahmen

Ein die gesamte Metropole umfassender, übergeordneter richtungsweisender Orientierungsfahrplan für den immerwährenden urbanen Optimierungsprozess zur klimagerechten und nachhaltigen »Idealstadt«-Vision:

- einmalig erstellt und kontinuierlich nachjustiert entsprechend ihren sich weiterentwickelnden Zielen
- basierend auf den lokalen Bedürfnissen und Potenzialen der Stadt
- konform mit den übergeordneten, internationalen und nationalen Bestrebungen und diese auch informierend
- ein »Ordner«, in dem nur die obsoleten Bestandteile nach Bedarf verändert werden

Seine kurz-, mittel- und langfristigen Ziele bilden zusammen mit den Leitlinien der

→ stadtstrukturellen

→ gebietsbezogenen und

→ thematischen Handlungsfelder (Teil 3)

den Rahmen für detailliertere räumliche und thematische → suburbane Pläne und Programme (5.3.2).

Simultan zum Transformationsrahmen ist eine Checkliste zu erstellen mit den für die jeweilige Stadt relevanten Klima- und Nachhaltigkeitsbelangen. Diese werden mittels der Checkliste bewertet und beurteilt.

→ Urbane Klima- und Nachhaltigkeitsprüfung (5.8)

5.3.2 Suburbane Pläne und Programme

Zur räumlichen und thematischen Konkretisierung des Transformationsrahmens.

Für:

- spezielle stadtweite, sachthematische Teilaspekte wie Energie, Mobilität etc. → Thematische Handlungsfelder (9)
- Stadtgebiete wie Viertel/Quartiere und Grundstücke mit Gebäuden → Gebietsbezogene Handlungsfelder (8)
- Aspekte wie Dichte, Nutzungs- und Funktionsmischung sowie Stadtgestaltung → Stadtstrukturelle Handlungsfelder (7)
- Resilienzmaßnahmen inklusive Katastrophenschutz → 5.3.3 Exkurs: Resilienz und Katastrophenschutz

Diese Pläne und Programme wären die Basis für die Abwägung aller Belange und dienten als Beurteilungsgrundlage für sämtliche Projekte bzw. Vorhaben, unabhängig davon, welcher Art, ob nun

- Einzel- oder flächendeckende Maßnahmen oder
- Bau- oder Ordnungsmaßnahmen.

Verwirklicht werden sie durch Realisierungskonzepte wie etwa Aktionspläne zur Umsetzung etc. → Realisierung (5.4)

5.3.2.1 Inhalt und Ziele

Entsprechend dem Transformationsrahmen je nach den:

- strategischen Zielen für das jeweilige Gebiet oder
- speziellen Sachthemen der → thematischen, → gebietsbezogenen und → stadtstrukturellen Handlungsfelder (Teil 3)

Korrespondierend mit, basierend auf und parallel zur Identifizierung des jeweiligen Handlungsbedarfes durch:

- Analyse der Ausgangssituation: Was funktioniert (nicht) mehr?
- Potenzialermittlung: Was könnte funktionieren und unter welchen Bedingungen?
- Einbeziehung bisheriger und geplanter Maßnahmen und bestehender informeller Planungen: Was hat bereits funktioniert?

5.3.2.2 Aufstellung

a. Klärung der Verantwortlichkeiten aller Akteure:
   - Wer orchestriert, ist federführend?
   - Benennung eines Konflikt-/Problemmanagers
   - Bildung von interdisziplinären
     - behördeninternen Arbeitsteams
     - externen Partnerschaften

b. schriftliche Bestätigung aller Akteure mit klaren Deadlines, bis wann Kommentare zum Entwurf zu welchen Adressaten und in welcher Form eingereicht werden sollen

c. Zeitplan für die Aufstellung, von allen bestätigt

d. Klärung der Kosten (grob, aber realistisch)
   - Quellen
   - Finanzierungspaket

e. Prüfung der Machbarkeit und Identifizierung potenzieller Hürden
   - vorhersehbare Schwierigkeiten
   - offene Fragen
   - ungeklärte Punkte

Abstimmung aller Prozesse durch digitales Projektmanagement

Durchführung der Aufstellung

Extern: ermöglicht einen klareren, unvoreingenommenen Blick für vorurteilsfreie Fokussierung auf Potenziale und Synergien

Beispiel Bremen:
Eine Strategie für die Verbindung der auf dem ehemaligen Hafenrevier entwickelten Überseestadt mit lokalem Ruf als Luxusquartier zu dem angrenzenden sog. Brennpunktstadtteil Gröpelingen. Nur Ortsfremde ohne gelebte Erfahrungen mit diesen Gebieten hielten dies überhaupt für möglich. Für in Gröpelingen Aufgewachsene ist das eine völlig absurde Idee. Ein Außenstehender sieht dies objektiver. Zudem sollte gerade in potenziell so schwierigen Situationen der Prozess mit wissenschaftlicher Begleitung einhergehen, für die Glaubwürdigkeit und als Beweisgrundlage im Falle von späteren Anfechtungen.

Erstellung und Partizipation

Zuerst:

interne Klärung rechtlicher Bedingungen, Zuständigkeiten, Information von Trägern öffentlicher Belange, Finanzierungsmöglichkeiten und Abgleich mit visionären übergeordneten Strategien (Transformationsrahmen)

Dann:

öffentliche Beteiligung:

a. über strategische Leitlinien als generelle Richtung und darauf folgend
b. an speziellen Maßnahmen

a. und b. jeweils zweistufig, beim zweiten Entwurf nur Kommentare zu Änderungen des ersten → 5.6 Partizipation

Ratifizierung durch gewählte Repräsentanten

- Als gesetzliche Grundlage → Prinzip GeRECHT (3.2.8)
- Inklusive Erinnerungsmechanismen, wenn (nicht falls) es bei der Realisierung zu einem »Noch nie von gehört«-Syndrom der Anwohnenden kommt und diese (als Wählende!) entsprechend Druck auf die Politik ausüben → Achtung, Barrieren! (6)

5.3.3 Exkurs: Resilienz und Katastrophenschutz

Als integrierter Teil jeder Strategie – zur Stärkung der Anpassungsfähigkeit und Vermeidung von Vulnerabilitäten:

- Förderung vorteilhafter Auswirkungen, also Nutzung der Potenziale und Chancen, z. B. erweiterte solarenergetische Optionen und Freizeitmöglichkeiten in nördlicheren Gebieten etc.
- Minderung bzw. Verhinderung von negativen Auswirkungen durch Schutzmechanismen inklusive Katastrophenschutz

→ 2.2.2 Anpassung an den Klimawandel – Adaptation

Strategien und Maßnahmen für die urbane Widerstandsfähigkeit betreffen neben den → stadtstrukturellen und → gebietsbezogenen Handlungsfeldern besonders die → thematischen Handlungsfelder (Teil 3):

- → 9.6 Wasser und → 9.5 Biodiversität (Konzept Schwammstadt)
- → 9.3 Flächen (Versiegelung)
- → 9.4 Makro- und Mikroklima (Exposition gegenüber Extremwetterereignissen)

Synergien bestehen durch Handlungsfelder übergreifende, koordinierende Konzepte in Form von speziellen Resilienzstrategien zur systematischen und koordinierten Stärkung von widerstandsfähiger Infrastruktur, Systemen, Gebäuden und Gebieten, inklusive Risikomanagement (Vorsorge bzw. Risikominderung).

Katastrophenschutz:

- Notfallsicherung vitaler Einrichtungen und kritischer Infrastrukturen (zur Gewährleistung der Versorgung mit Wasser, Energie, Kommunikationssystemen, Verkehrsstraßen und zur Vermeidung von Engpässen bei Nahrungsmitteln, Bargeld und Treibstoff), besonders bei Krankenhäusern, Kraftwerken oder Katastrophenschutzeinrichtungen
- inklusive Frühwarnsysteme mit internetunabhängigen analogen Instrumenten wie Sirenen, SMS etc. für den Fall eines Zusammenbruchs der digitalen Vernetzung
- Untersuchungen, wie Menschen mit Infrastruktur und öffentlichen Räumen interagieren, wenn ein extremes Wetterereignis vorhergesagt wird
- Prozedere zum Wiederaufbau

Notwendig ist die Sicherstellung der systematischen Berücksichtigung von Adaptionsaspekten → Anpassung an den Klimawandel – Adaptation (2.2.2), als integrierter Teil der → Klima- und Nachhaltigkeitsprüfung (5.8), etwa durch »Climate Proofing«,[25] inklusive Risikoabschätzung sowie Vulnerabilitätsanalysen und -bewertung.

5.4 Realisierung

Die Verwirklichung des → strategischen Netzwerkes (5.3) mittels konkreter, detaillierter Umsetzungskonzepte, um sicherzustellen, dass die gesetzten Ziele rechtzeitig, im Budget und zur Zufriedenheit der beteiligten Akteure und Betroffenen koordiniert verwirklicht werden können.

<u>Entscheidend für den Erfolg sind dabei</u>

- ein strukturiertes, systematisches Vorgehen
- Landbesitzverhältnisse.

Ein Scheitern in dieser letzten Verwirklichungsphase ist für die Öffentlichkeit sehr sichtbar und unterminiert das Vertrauen in den Transformationsprozess → Achtung, Barrieren! (6).

→ 2.3 Überblick: Funktionsweise des Transformationsprozesses

5.4.1 Konsens über das methodische und organisatorische Vorgehen

a. Bildung von Teams und Bestimmung eines Projektmanagers

b. klare Verantwortlichkeiten, z. B. mittels eines Organigramms, mit regelmäßigen Rückmeldungen – jeder Akteur bzw. jede Organisation hat eine feste Rolle und stellt einen verantwortlichen Ansprechpartner

c. Möglichkeiten definieren, wie Betroffene bei der Umsetzung aktiv mitwirken können → Partizipation (5.6)

d. realistische und gründliche Vorplanung, vor allem in Bezug auf Dauer und Kosten (mit möglichst externer Überprüfung)

e. Strukturplan (Zeit, Finanzen, Qualität, Materialien)
   - mit Meilensteinen, bei denen der Fortschritt evaluiert wird
   - flexibel, aber verbindlich
   - eventuelle Schwachstellen vorher mit einplanen
   - Mitarbeiter (»Drängler«) bestimmen zur Einhaltung der Fristen etc.
   - statt 80 % Einigung auf 50 % als Erfolgsziel

f. digitaler Zugriff auf alle Dokumente, Daten und Informationen für alle Beteiligten samt Software, die »Fehler« frühzeitig erkennt

g. sofortige Mitteilung, sollte es – irgendwie, irgendwo, irgendwann – auch nur den Verdacht geben, der Umsetzungsplan könnte nicht eingehalten werden:
   - Dazu ist eine positive Fehlerkultur notwendig, in der Meldungen über Probleme belohnt und als Teil der Prozessoptimierung verstanden werden
   - Mitarbeitende (»Feuerlöscher«) bestimmen, die dem Problem *sofort* nachgehen und es lösen

Die Entscheidungsträger sind daran zu erinnern, welche Strategie sie bereits ratifiziert und somit akzeptiert haben, wenn es Konflikte gibt, z. B. mit Betroffenen → Achtung, Barrieren! (6).

5.4.2 Klärung der Landbesitzverhältnisse

Idealerweise würde die Kommune die gesamte Fläche bzw. sämtliche Grundstücke übernehmen, egal mit welcher Rechtsform, z. B. Erbpacht. Wenn das nicht möglich ist, wäre eine temporäre Übertragung des Gebietes in die Hand eines Investors bzw. Eigentümers oder nur weniger Einzelbesitzer sinnvoll, um:

- Schwierigkeiten bei zu vielen Eigentümern als Ansprechpartner zu vermeiden
- Steuerungsmöglichkeiten und damit direkte Einflussnahme auf die Realisierung von Nachhaltigkeits- und Klimaaspekten zu gewährleisten
- Spekulationen einzugrenzen
- Verfall während des Wartens auf Durchführung zu verhindern
- schlecht gestaltete Bereiche nicht nachrüsten zu müssen.

Ein gutes *Beispiel* ist die Hamburger HafenCity, wo sich die Stadt die Kontrolle über das gesamte Gebiet sicherte. Somit wurde u. a. erreicht, dass die Vergabe der Grundstücke nicht aufgrund des Preises, sondern der Fähigkeit des Konzeptes, die Ziele der Strategie (Nachhaltigkeit, Soziales etc.) zu erreichen, geregelt wurde.

5.5 Kooperationen

Eine koordinierte und effiziente Zusammenarbeit aller Akteure optimiert nicht nur den Transformationsprozess, sie ermöglicht ihn erst und ist eine der wirksamsten Präventionen von → Achtung, Barrieren! (6).
Kooperation ist elementar bei der Aufstellung und Änderung des → strategischen Netzwerkes (5.3) und dessen Umsetzung.
Sie dient dem Austausch von Erfahrungen und Wissen, der Prozessoptimierung und dazu, gemeinsam Lösungen zu generieren, statt Konkurrenz um begrenzte Ressourcen, z. B. Fördermittel, zu entfachen.

5.5.1 Formen der Zusammenarbeit

Zu fördern sind alle kooperativen und interdisziplinären Arbeitsformen, wie etwa Netzwerke, Partnerschaften und Teams etc.

- innerhalb, mit und zwischen den unterschiedlichen Organisationen sowie Akteuren der
  - vertikalen, also über- und untergeordneten politisch-administrativen Ebenen, z. B. zwischen Bund und Kommunen
  - horizontalen Gebiets- bzw. Fachbereichs-/Ressortebenen
- inhaltlich und organisatorisch.

Das ist besonders an den Grenzen der Verantwortungs- bzw. Kompetenzbereiche wichtig.

Effektive Zusammenarbeit wird ermöglicht durch jedwede Form der Vernetzung, z. B.

- Weiterentwicklung von Trägerformen
- öffentlich/private Partnerschaften
- Baugemeinschaften mit allen beteiligten Akteuren inklusive zukünftiger Bewohner für die gemeinsame Planung, Errichtung und/oder Umgestaltung von Gebäuden.

Dies sollte möglichst systematisch und digital über Onlineplattformen geregelt werden, mit Protokollen und regelmäßigen Austauschformaten.

Aufgrund der Planungshoheit kommt hier der Verwaltungsstruktur der Behörden von Gemeinden eine besondere, zentrale Rolle zu mit rechtlichen Instrumenten der Koordination:

- zwischen Bauleitplänen, der Raumordnung sowie mit Einzelvorhaben
- mit der Beteiligung von Betroffenen
- Übertragung der Durchführung an andere, z. B. Planungsverbände, Stadtentwicklungsgesellschaften, geeignete Beauftragte für die Sanierung.

→ 5.1 Rolle der Akteure

5.5.2 Durchsetzung von Verantwortlichkeiten

Verbindliche Regelungen der Verantwortlichkeiten and Verpflichtungen aller Kooperationspartner sind auf gesetzlicher Basis zu verankern, um Zuverlässigkeit zu gewährleisten. Momentan bietet das BauGB bereits folgende Möglichkeiten:

Verträge

Die Gemeinde kann städtebauliche Verträge schließen, in denen auch spezielle Aspekte der klimagerechten und nachhaltigen Stadt benannt werden können, z. B. Vereinbarungen zu:

- erneuerbaren Energien (thermale, Elektrizitäts- und Wasserversorgung)
- Mobilität (Infrastruktur für nachhaltige Transportmittel, Konzepte zum Pkw-freien Wohnen etc.)
- Freiflächengestaltung → Konzept Schwammstadt (9.6.2.2), → THG-Senken (bei 2.2.1)
- Bauweise (Energieeffizienz, architektonische Qualität)

Städtebauliche Gebote

Als kommunale Vorschriften können sie Grundstückseigentümer verpflichten mit:

- Baugeboten zur Vermeidung von Baulücken
- Modernisierungs- und Instandsetzungsgeboten zur Nachrüstung des Bestands
- Pflanzgeboten
- Rückbau- und Entsiegelungsgeboten.

Private Baumaßnahmen

Baumaßnahmen im privaten Bereich obliegen grundsätzlich den Eigentümern und können jedwede Klima- und Nachhaltigkeitsmaßnahme gemäß der jeweiligen das Grundstück betreffenden Strategie beinhalten.

Private Initiativen

Gebiete können festgelegt werden, in denen in privater Verantwortung auf Grundlage eines mit den Zielen der Gemeinde abgestimmten Konzeptes standortbezogene Maßnahmen durchgeführt werden.

→ 8.2 Viertel/Quartiere

Vorhaben- und Erschließungspläne

Mit der Gemeinde wird ein Plan von Investierenden zur Durchführung von Bauvorhaben und Erschließungsmaßnahmen abgestimmt, um schneller als üblich mit Baumaßnahmen beginnen zu können.

Gemeindesatzungen

Sie gelten als Rechtsnorm im Gemeindegebiet für alle verbindlichen Steuerungsinstrumente der urbanen Entwicklung, z. B. Bebauungsplan, oder für die förmliche Festlegung von Gebieten etc.

Gestaltungssatzungen

Diese können die Gebäude (Dachform, Fensterformen, Materialien und Farben) oder auch die Gestaltung von Freibereichen betreffen.

→ 7. Stadtstrukturelle Handlungsfelder

Erhaltungssatzung

Sie regelt die Genehmigungsbedürftigkeit von Rückbau und Nutzungsänderung zur Erhaltung der Eigenart bei Umstrukturierungen.

5.6 Partizipation

Die Beteiligung aller Betroffenen am Transformationsprozess ist entscheidend für den Erfolg.

5.6.1 Warum?

- Damit gewählte Repräsentanten fundierte Entscheidungen treffen können
- Damit die, die mit den Ergebnissen bzw. Folgen leben werden, mit diesen auch zufrieden sind
- Zur Förderung von Verantwortungsbewusstsein durch beeinflussbare, nachvollziehbare Entscheidungen
- Zur Sensibilisierung und für höhere Akzeptanz für Klimabelange, ökologisches Bewusstsein und nachhaltiges Verhalten
- Zur Entwicklung von Engagement für das Lebensumfeld
- Damit allen ermöglicht wird, einen Beitrag zu leisten.

5.6.2 Wer?

Partizipieren können alle Betroffenen als zukünftige Nutzer.

5.6.3 Wobei?

- Aufstellung einer Strategie (→ 5.3 Strategisches Netzwerk) und ihrer Umsetzung
- Planung und Durchführung von lokalen Maßnahmen
- Ermöglichung von Eigeninitiative beim Transformationsprozess

5.6.4 Worüber?

Über alle Belange, die, entsprechend der Rolle der Partizipierenden, ihr Lebensumfeld betreffen → 5.1 Rolle der Akteure.
Wichtig ist, Prozesse zu erklären und Grenzen aufzuzeigen!

Möglichkeiten und Befugnis der Beteiligung sollten klar kommuniziert werden:

- Welche Art der Partizipation ist möglich: Mitbestimmung, -gestaltung, Meinungserfassung oder »nur« informiert werden?
- Letztendlich dürfen Entscheidungen nur von gewählten Politikern getroffen werden, also nicht während einer Beteiligungsveranstaltung.

Erklärung und exakte Benennung verhandelbarer Aspekte,
über die entschieden wird und → Achtung, Barrieren! (6), welche NICHT beeinflussbar sind, z. B.

- Unterscheidung zwischen visionären Strategien und grenzgenauer Bauleitplanung
- Klarstellung, um welche Gebiete oder Themen es sich genau handelt
- um welche Dimension es geht: Bei Beteiligungsveranstaltungen über mehr strategische Visionen wird es keine längeren Diskussionen zu Details geben können, z. B. Beschwerden, dass die Treppenhausbeleuchtung kaputt ist.

Zur Ideenfindung sollten auch »Grüne-Wiese-Denken«-Methoden genutzt werden, etwa: Was wäre ohne Restriktionen und gegebene Rahmenbedingungen möglich?

5.6.5 Wann?

Frühzeitig und prozessbegleitend. Ein wichtiger Aspekt ist die Betreuung auch nach der Umsetzung mit Möglichkeiten für die Betroffenen, Verantwortung zu übernehmen, u. a. bei der Wartung im Wohnumfeld.

Beispiel:
In einem benachteiligten Quartier (Alans Croft Estate im Dudley MBC, UK) übernahmen Mieter die Pflege der Bepflanzungen. Spürbar ging der Vandalismus zurück, und es wurden auch keine Pflanzen mehr gestohlen, was tatsächlich ein kostspieliges Problem war.

5.6.6 Wie?

Abgestimmt auf die Lebenswirklichkeiten der Betroffenen entsprechend ihrer → 5.1 Rolle (Bürger, Unternehmen)

- durch begleitende Kapazitätsbildung
- für Laien verständlich: Technolekt ist eine potenzielle → Achtung! Barrieren (6). Verwaltungsmitarbeitende, die täglich mit zu Recht etablierten Fachbegriffen arbeiten, sollten der Zielgruppe entsprechend »Leichte Sprache«[26] verwenden.
- motivierend: da es für Bürger unbezahltes Engagement in der Freizeit bedeutet

Durchführung

Bei Veranstaltungen

(wo auch immer) eine Mischung aus:

- persönlichem Kontakt mit Raum zum »Erzählen lassen« wie Interviews, Diskussionsrunden etc.
- Mitmachaktionen z. B. mit Rätseln/Spielparcours
- digitalen Angeboten mit Whiteboards etc.
- innovativen kreativen Methoden, die die Basissinne ansprechen: haptisch, visuell, auditiv:
  - z. B. 3-D-Modelle mit Bauklötzen zum Verschieben statt zweidimensionaler Karten
- virtueller Realität, um das Vorhaben nach Fertigstellung zu »erleben«

Postalisch oder online

- einladend, einfach und schnell nebenbei auszufüllen, etwa mit Gewinnspiel (Gutscheine für lokale Geschäfte etc.)

5.6.7 Wo?

Partizipation sollte dort stattfinden, wo Betroffene sich aufhalten (z. B. Stadtteilzentren, Supermärkte etc.), d. h. auch die Einbeziehung von sozialen Medien → Achtung, Barrieren! (6):

- bereits bestehende Strukturen nutzen
- direkter Kontakt: Betroffene identifizieren und aktiv auf sie zugehen.

5.6.8 Prozedur

Die Festlegung in Partizipationsstrategien bietet sich an zur Gewährleistung eines koordinierten, nachvollziehbaren und einforderbaren Prozesses. Mindestanforderungen sind gesetzlich geregelt für die Bauleitplanung. Dies sollte auch für informelle Planungen gelten. (→ 4. Legal und legitim)

Mehrstufig und frühzeitig bei der Erarbeitung

- der Vision
- der strategischen Leitlinien
- konkreter Maßnahmen

Bei Änderung von Entwürfen aufgrund von Kommentaren sollte die Möglichkeit gegeben werden, zu diesen Stellung zu nehmen, also ein zweistufiges Verfahren.

- Erfassung der Äußerungen je nach Vorhaben und Konkretisierungsgrad:
  - möglichst standardisiert (→ 5.4.Realisierung)
- externe statistische Auswertung der Äußerungen
- Bericht über Ergebnisse und wie diese den Entwurf verändert haben

5.7
Erfolgskontrolle durch kontinuierliches Monitoring

Evaluationen sind bei jedem Schritt des Transformationsprozesses und ggf. bei der Nachjustierung durchzuführen.

Festlegung der Kontrollmechanismen zur:
- Wirksamkeit der Strategien (→ 5.3 Strategisches Netzwerk) und Maßnahmen
- Einhaltung der Meilensteine (Zeit, Budget, Etappenziele)
- Befolgung der in der Strategie beschlossenen Intentionen → 6. Achtung, Barrieren!
- konsequente Überwachung der Umsetzung vor Ort
- Beachtung der Vorschriften

Die Erfolgskontrollen sind systematischer Teil der → Klima- und Nachhaltigkeitsprüfung (5.8).

5.8
Urbane Klima- und Nachhaltigkeitsprüfung

Zur Messung der Effektivität des Transformationsprozesses wird eine entsprechend umfangreichere Checkliste als objektive Beurteilungsgrundlage benötigt. Damit lässt sich prüfen, ob und wie die Instrumente des → strategischen Netzwerkes (5.3) zum Erreichen der Vision der klimagerechten und nachhaltigen Stadt beitragen.
Sie dient zudem als Entscheidungsleitlinie für jedwedes Handeln, auch – indirekt – für Einzelvorhaben.

Zur Optimierung des Prozesses fungiert sie als Erfolgskontrolle durch kontinuierliches Monitoring:
- Evaluation bei jedem Schritt. Alle Prüfschritte korrespondieren mit dem synchronisierten → Transformationsprozess (2.3) und informieren diesen.
- ggf. Nachjustierung, damit Instrumente und Werkzeuge entsprechend und gezielt angepasst werden können.

In diesem einen Verfahren wären dann alle Test- und Prüfsysteme, die urbane Räume betreffen, als Evidenzbasis zusammengefasst.

Solch eine Klima- und Nachhaltigkeitsprüfung würde aus pragmatischen Gründen aufbauend auf die Strategische Umweltprüfung des BauGB erstellt.

- Für Argumente, warum diese grundsätzlich für alle Aspekte der klimagerechten und nachhaltige Stadt anwendbar ist → 4.1 Bestehende Rechtsgrundlage
- Für gesetzlichen Änderungsbedarf → 4.2 Urbaner GesetzesOrdner

Sie dient:

- zur Messung der Auswirkungen auf die relevanten Klima- und Nachhaltigkeitsbelange

Tabelle 1: *Messung der Effektivität des Transformationsprozesses*

Transformationsprozess	Klima & Nachhaltigkeitsprüfung	Beispiel
Aspekt/Belang: Fläche	Indikator: ha oder % pro Jahr/Gebiet	Flächenentsiegelung
Istzustand	Bestandsaufnahme	Versiegelungsgrad: 50 %
Ziele	Zu erreichende Werte	Je nach → Transformationsrahmen der Gemeinde:
Kurzfristig (akut)		Stopp weiterer Versiegelungen
Mittelfristig (die Transformation)		% entsiegeln
Langfristig (die anzunähernde Vision)		versickerungsfähige Oberflächen
Handlung	Auswirkungen:	Entsiegelungsmaßnahmen/-strategie
	Ermittlung und Bewertung: → Tab. 3–7	Effekt: von positiv bis negativ → Tab. 2: Bewertungsskala
	Empfehlungen zur Verringerung negativer und Förderung positiver Effekte	Änderung der Handlung: mehr oder anders entsiegeln
Modifikation	Monitoring	
Durchführung		Gesetztes Ziel erreicht

- einer systematischen Abwägung aller urbanen Belange gemäß den Zielen des → Transformationsrahmens (5.3.1)
- der Vergleichbarkeit in unterschiedlichen urbanen Kontexten, z. B. von Sachthemen, Stadtvierteln und zwischen Städten
- der Integration von lokalen Gegebenheiten
- der Konformität mit regionalen, nationalen, europäischen und globalen (UN) Zielen.

Tabelle 1 zeigt den Zusammenhang zwischen den Komponenten des Transformationsprozesses und der ihn optimierenden Klima- und Nachhaltigkeitsprüfung. Jede Handlung wird analysiert und daraufhin beurteilt, wie sie zur Erreichung der Ziele beiträgt, und ggf. entsprechend verbessernd modifiziert.

Im Folgenden werden die einzelnen Prüfschritte erläutert, mit besonderem Fokus auf die Ermittlung der vielfältigen, auch sekundären sowie kumulativen Auswirkungen, damit in dem komplexen Transformationsprozess gezielt und objektiv Stellschrauben zur Optimierung identifiziert werden können.

→ Abbildung 2: Optimierungskreislauf des Transformationsprozesses

Die Klima- und Nachhaltigkeitsprüfung dient der Sicherstellung

- der frühzeitigen Ermittlung und Bewertung von Auswirkungen
- der systematischen Erfassung von:
  - positiven Potenzialen und Prüfung,
    - ob und wie diese gestärkt und gefördert werden können
    - ob Mindestanforderungen für zielführende Aspekte eingehalten werden
  - negativen Auswirkungen und Prüfung,
    - ob und wie diese zu vermeiden sind, um dann so nachzujustieren, dass neutrale oder positive Auswirkungen erreicht werden
    - ob Obergrenzen für nicht zielführende Aspekte eingehalten werden
  - sekundären Effekten: Identifizierung und Einkalkulieren der Folgeauswirkungen von Handlungen, z. B. Gentrifizierung → Achtung, Barrieren! (6)
- dass ein eventueller Ausgleich nur vor Ort und im selben Themenfeld, also innerhalb definierter geografischer und sachlicher Distanz, erfolgt.

Durchgeführt während:
- der Aufstellung
- des kontinuierlichen Monitorings
- ggf. notwendiger/eventueller Änderungen zur Optimierung.

Als Kontrolle,
- um Fortschritte sowie Erfolge und Schwachstellen zu identifizieren
- um neue Erkenntnisse, z. B. für Messmethoden, mit einfließen zu lassen
- um festzustellen, ob die aufgrund der sich ständig verändernden Visionen, Ziele und Gegebenheiten auf globaler, regionaler und lokaler Ebene aufgegriffen werden.

5.8.1 Indikatoren

Indikatoren kommt bei der Transformation zur klimagerechten und nachhaltigen Stadt eine besonders wichtige Rolle zu! Durch sie werden alle urbanen Aspekte als Belange mess- und vergleichbar. Indikatoren ermöglichen erst das objektive Monitoring der Effektivität des Transformationsprozesses und dienen als Beweisgrundlage für Nachjustierungen mittels:
- Überprüfung der Standards und ihrer Schwellenwerte,
- Bewertung der Auswirkungen von Handlungen und
- objektiver und nachvollziehbarer Abwägung der Belange.

5.8.1.1 Vorgehensweise zur Bestimmung

Ausgangspunkt sind die von der → Vision der klimagerechten und nachhaltigen Stadt (3) abgeleiteten kurz-, mittel- und langfristigen → Ziele der jeweiligen Gemeinde (3.1).
Entsprechend den Zielen werden alle relevanten urbanen Aspekte als Belange kategorisiert in die → stadtstrukturellen, → thematischen und → gebietsbezogenen Handlungsfelder (Teil 3).
Diese Belange werden so in mess- und vergleichbare Indikatoren übersetzt, dass bei der Analyse und Beurteilung eine differenzierte Aussage möglich ist, z. B. über die Erheblichkeit der Auswirkung, Änderungsempfehlungen und Monitoring.

→ 2.3 Überblick: Funktionsweise des Transformationsprozesses

5.8.1.2 Mess- und Vergleichbarkeit

Vergleichbar:

Um die Vergleichbarkeit der Indikatoren zu gewährleisten, sollten sie aus den Indikatoren der globalen Nachhaltigkeitsziele (SDGs) der UN abgeleitet werden. Die SDG der UN bestehen aus 17 Nachhaltigkeitszielen und 169 Unterzielen mit je 1–3 Indikatoren.[27] Von der jeweiligen Gemeinde werden dann lokale Gegebenheiten miteinbezogen und den einheitlichen nationalen Indikatoren[28] angepasst.

Messbar:

Die Messbarkeit dient der Identifizierung von zu erreichenden Schwellen bzw. Grenzwerten, gesetzt als Richtlinien für die Einhaltung der aus den Zielen abgeleiteten Standards, je nach Gewichtung dieser.

Damit wird ermöglicht, dass Verhältnisse/Relationen/Maßstäbe per Formel angewandt werden können, wie etwa:

- Ober-/Untergrenzen
- Quantität und Qualität
- vorhanden/nicht vorhanden innerhalb eines Radius von …
- Versorgung mit …
- Anteil von …
- Zugang zu …
- Entfernung zur nächstgelegenen …

5.8.2 Informationen

Sie sind die Grundlage für

- die Bestandsaufnahme der Ausgangssituationen
- Analyse und Beurteilung
- kontinuierliches Monitoring als Erfolgskontrolle.

Notwendig dafür sind die Sicherstellung von

Menge, Art, Verfügbarkeit, Verbreitung, Qualität, Auflösung und Zuverlässigkeit der zu erfassenden urbanen Daten sowie deren systematische Aufbereitung.

Zur Gewährleistung von

Vergleichbarkeit, Transparenz, Konsistenz, Vollständigkeit und Genauigkeit. Informationsgewinnung bzw. Datenerhebung:

- alle verfügbaren Quellen, z. B. Statistisches Bundesamt
- Nutzung bestehender administrativer Einheiten, da die Informationen bereits vorhanden sind
- Assimilation von anekdotischen Erzählungen und lokalem Wissen mit technischen Daten

→ Achtung, Barrieren (6) – potenzieller Zielkonflikt (6.2): vorhandene Daten versus notwendige neue Definitionen

Messwerkzeuge

Neben makro- auch mikroskalige Modelle und Simulationen, um kleinräumige Auswirkungen zu untersuchen, z. B.

- bestimmte Nutzungsmischungen auf die Mobilität
- den Einfluss eines Parks oder eines Sees auf das Stadtklima
- verschiedene Gebäudearchitekturen und -konstellationen auf das Stadtbild bzw. die urbane Dichte

Um den Erfolg des Transformationsprozesses zu messen, wird es notwendig sein, die kommunale Systematik der THG-Bilanzierung und des Verbrauchs endlicher fossiler Ressourcen für alle Handlungsfelder zu spezifizieren. Dies ist bisher noch nicht möglich. Die meisten THG-/CO_2-Rechner unterscheiden nach Lebensbereichen, Sektoren oder erheben stadtweite oder nationale Emissionsdaten, aber eben nicht nach spezifischen urbanen Funktionen. Auch ist bisher noch nicht bekannt, wie groß hier der Anteil von nicht erneuerbaren Rohstoffen ist. Für Erstellung der THG-Bilanz, berechnet und erfasst nach international einheitlichen Vorgaben des Weltklimarates (Intergovernmental Panel on Climate Change, IPCC), ist das Umweltbundesamt zuständig

5.8.3 Analyse und Beurteilung

Alle Elemente der zu prüfenden Strategie werden durch die Klima- und Nachhaltigkeitsscheckliste analysiert, deren Auswirkungen auf urbane Belange ermittelt sowie bewertet und die Strategie ggf. entsprechend geändert.

Untersucht werden können:

- Maßnahmen einer Strategie (einzeln oder kumulativ)
- verschiedene Strategieoptionen mit-/untereinander für die Auswahl der geeignetsten
- Vergleiche zwischen den Transformationsrahmen verschiedener Städte
- Kompatibilitäten (z. B. mit neuen Richtlinien)
- Delinierungen für Flächenausweisungen.

Die Auswertung erfolgt verbal-argumentativ in tabellarischer Form in einer Matrix, z. B. mittels einer fünfteiligen Skalierung:

Tabelle 2: *Bewertungsskala der Auswirkungen auf die urbanen Belange*

++	sehr positive Auswirkung
+	positive Auswirkung
o	keine bzw. neutral
–	negative Auswirkungen – Minderung und/oder Verhandlung möglich
– –	sehr negative Auswirkung – Minderung und/oder Verhandlung schwierig und/oder teuer
!	negative Auswirkungen nicht minderbar

Erheblichkeit der Auswirkungen:

Zur möglichst objektiven Bestimmung wären weitere Beschreibungen sinnvoll, etwa[29]

- Stärke (Dauer/Umfang)
- mittelbar/unmittelbar (direkt oder indirekt)
- isoliert oder kumulativ
- synergistisch
- kurz-, mittel- und langfristig
- ständig und vorübergehend (permanent und temporär)
- Unumkehrbarkeit (reversibel oder irreversibel)

sowie:

- Wahrscheinlichkeit des Auftretens
- grenzüberschreitender Charakter
- Umfang und räumliche Ausdehnung der Auswirkungen
- Bedeutung und Sensibilität des voraussichtlich betroffenen Gebiets (z. B. aufgrund des kulturellen Erbes, Ökologie etc.).

5.8.3.1 Maßnahmen

Dies ermöglicht nicht nur eine Vorhersage der einzelnen Auswirkungen für jede der Maßnahmen, sondern auch die separate Beurteilung der kumulativen Auswirkungen aller Maßnahmen auf die einzelnen Ziele. So können die Auswirkungen aller Maßnahmen auf ein Ziel bewertet werden. Es mag sein, dass z. B. einige Maßnahmen einen potenziell negativen Effekt haben, aber in Kombination mit den anderen ausgeglichen und als positiver Effekt wirken können. Für jede der Maßnahmen gibt es Empfehlungen, wie ihr Rating verbessert werden kann.

Tabelle 3: *Auswirkungen einzelner Maßnahmen*

Maßnahme X				
Klima- und Nachhaltigkeitsbelang	Indikatoren	Auswirkungen: Unterteilung nach Erheblichkeit	Bewertung	Empfehlungen zur Verbesserung
Mobilität			++	
Energie			–	
etc.			o	
Zusammenfassung:				
+				

Die Auswirkungen aller Maßnahmen lassen sich auch kumulativ bewerten:

Tabelle 4: *Kumulative Auswirkungen aller Maßnahmen*

Maßnahmen Klima- und Nachhaltigkeitsbelang	a	b	c	d	kumulativer Effekt aller Maßnahmen auf einen Belang
Mobilität	++	–	!	– –	–
Energie					
etc.					
Effekt jeder Maßnahme auf alle Belange*					
Zusammenfassung:					
Beispieltext: Insgesamt kann das Maßnahmenpaket zum Erreichen der Klima- und Nachhaltigkeitsziele beitragen, wenn folgende Änderungen vorgenommen werden: (entsprechend hier einfügen). Aufgrund der Bewertung für Maßnahme C kann diese nicht verwirklicht werden.					

*Zusammenfassung von Tabelle 3: Auswirkungen einzelner Maßnahmen

5.8.3.2 Verschiedene Optionen

Zur Auswahl der klimagerechtesten und nachhaltigsten Option.
Beispiel: Fünf Optionen z. B. eines Planes oder Programms etc. werden anhand ihrer Wahrscheinlichkeit, die Transformationsziele zu erreichen, mithilfe der Checkliste bewertet

Tabelle 5: *Optionsauswahl*

Klima- und Nachhaltigkeitsbelang \ Option	A	B	C	D
Mobilität	!	–	+	++
Energie	– –	+	o	+
etc.	–	– –	+	o
Zusammenfassung:				
	kein Potenzial	Potenzial nur mit Änderungen	hohes Potenzial	bestes Potenzial

5.8.3.3 Kompatibilitätsanalyse

Analyse der Konformität eines suburbanen Planes oder Programms mit einem anderen suburbanen Plan oder Programm

Tabelle 6: *Kompatibilitätsanalyse*

++	positiv kompatibel
+	kompatibel
o	neutral und nicht relevant für das Ziel
–	potenziell kompatibel (Angleichung möglich)
– –	potenziell kompatibel (Angleichung schwierig)

5.8.3.4 Delinierung von Gebieten

Zur Ausweisung von Gebieten auf Karten werden die infrage kommenden identifizierten Flächen bezüglich der aus den Zielen des Transformationsrahmens jeder Stadt erarbeiteten Klima- und Nachhaltigkeitsbelange beurteilt und bewertet sowie ggf. Änderungen vorgeschlagen.

Tabelle 7: *Flächenausweisungen*

Flächenausweisung X				
Klima- und Nachhaltigkeitsbelang	Indikatoren	Auswirkungen: Unterteilung nach Erheblichkeit	Bewertung	Empfehlungen zur Verbesserung
Mobilität			++	
Energie			–	
etc.			+	
Zusammenfassung:				
+ (oder ggf. ausführlichere Beschreibung)				

5.9 Finanzierung

Durch Skaleneffekte und Akzeptanz des → Prinzips Kostenwahrheit (3.2.12) werden klimagerechte und nachhaltige Maßnahmen mit der Zeit

- günstiger
- finanziell selbsttragend und
- schaffen zudem neue ökonomische Chancen.

Es bedarf also eines anderen, aber nicht unbedingt teureren Ansatzes, bei dem die Organisation der verfügbaren Mittel wichtiger ist als das »Wie viel«.

Siehe auch:
→ 5.2.7 Finanzielle Impulse (unter 5.2 Anreize zur Verhaltensänderung)
→ 9.8 Ökonomische Vitalität (unter 9. Thematische Handlungsfelder)

5.9.1 Prinzipien der Finanzierung

- systematisch als Teil einer Strategie gemäß den Zielen der in ihr identifizierten Handlungsfelder
- etappenweise Finanzierung, um Handlungsfähigkeit zu gewährleisten, sodass Aspekte einzeln, aber abgestimmt verwirklicht werden können, wenn Mittel zur Verfügung stehen
- Finanzierungspakete: Bündelung aller Quellen, Programme und Investitionen

- Nutzung etablierter Prozeduren
- Anwendung des Verursacherprinzips
- zukunftsorientierte öffentliche Investitionen, um Maßnahmen und Prozesse zu initiieren, bis sie sich selbst tragen
- übergangsweise Subventionierung klimagerechter und nachhaltiger Güter und Dienstleistungen, besonders im Energiebereich, um die Sozialverträglichkeit des Transformationsprozesses zu sichern, z. B. Transferzahlungen oder Steuererleichterungen für besonders betroffene Haushalte sowie pauschale Auszahlungen
- Verfügungsfonds, die zu bestimmten Anteilen aus öffentlichen Mitteln von Bund, Ländern und Gemeinden und denen privater Akteure bestehen
- diverse Investorenschaft, um Abhängigkeiten zu vermeiden

5.9.2 Finanzierungsquellen

Es sollten alle verfügbaren Fördermöglichkeiten, -mittel und Finanzierungsträger ausgeschöpft und kombiniert werden:

International:

- z. B. Programme der Weltbank

Europa:

- EU-Programme meist mit Ko-/Ergänzungsfinanzierung

Bundesebene:

- Städtebauförderprogramme
- Kommunalrichtlinie des Bundes
- Bundesförderbank KFW für Klima- bzw. Nachhaltigkeitsprojekte und Programme
- Programme, Darlehen, Zuschüsse, Boni etc.
- Steuern → 6.11.3 (unter 6. Achtung, Barrieren!)
- steuerfreie Förderung

Länder:

- Förderungsrichtlinien, z. B. für den Einsatz von Städtebauförderungsmitteln
- Modernisierungs- und Instandsetzungsprogramme der Länder

Gemeinden:

- Finanzierungspakete mit Mitteln aller Art:
  - Förderprogramme: Europäische Union (EU), Bund und Länder
  - Erlöse aus dem Verkauf von Grundstücken
  - Mittel verschiedener Fachbehörden
  - private Investition
- auch als Anteil der komplementären Ko-/Ergänzungsfinanzierung

Privatwirtschaft/Bürger:

- Investitionen der Eigentümer zusätzlich zu den Kosten bei Baumaßnahmen (Neubebauung, Ersatzbebauung, Modernisierung und Instandsetzung von Gebäuden)
- Erschließungsbeiträge
- Zurückzahlung der Wertsteigerungen: Zahlung eines Ausgleichsbetrages durch den Eigentümer aufgrund und in Höhe von maßnahmenbedingter Bodenwertsteigerung, dem »Betterment« (Pflichtzahlung), auch ohne Verkauf
- obligatorische, planpflichtige Zahlungen als Bedingungen, z. B. zur Bauerlaubnis, für Verbesserungen etwa bei Infrastrukturmaßnahmen im öffentlichen Raum außerhalb des Grundstücks in Verbindung mit dem Vorhaben (wie bei dem englischen »planning obligation«)
- Gewährung von Fördermitteln nur mit Verwendungsnachweisen
- Schwarmfinanzierung »Crowdfunding«

6
Achtung, Barrieren!

Barrieren[30] für den Transformationsprozess zur klimagerechten und nachhaltigen Stadt

An Ideen mangelt es nicht, aber:
- Was (ver)hindert die Umsetzung der Ziele, Visionen und Ideale?
- Woran hapert oder scheitert es?
- Welche Hürden bzw. Schwierigkeiten gibt?
- Warum wird nicht oder nicht schneller gehandelt?
- Welche Risiken bergen bestimmte Ansätze?

Für Lösungsempfehlungen wird auf die entsprechenden Kapitel verwiesen.
Die beste Prophylaxe zur Vermeidung dieser Barrieren sind
→ Prinzipien (3.2) als Richtlinien und
→ Prozeduren (5) zur Optimierung.
Auf sie wird an entsprechender Stelle gezielt verwiesen.

Größte Barriere sind unzureichende Koordination in allen Bereichen und, damit zusammenhängend, konträre, potenziell widersprüchliche Ziele. Das bedeutet, dass die daraus erarbeiteten Strategien schon als Basis nicht wirksam sein können. Bei der Realisierung verlangsamen Besitzverhältnisse mit zu vielen Landeigentümern die Umsetzung.

6.1 Koordination

Am hinderlichsten sind
- eine isolierte Betrachtungsweise und Reduktion auf einzelne Aspekte sowie deren
- Handhabung durch getrennt voneinander agierende Disziplinen
- unzureichende Absprachen, aber auch mangelnde synchronisierende systemstrukturelle Rahmenbedingungen.

Besonders bei:

6.1.1 Grenzabstimmungen

An administrativen (horizontalen) und zwischen (vertikalen) Ebenen, also z. B. mit Nachbargemeinden oder zwischen Kommune und Bund, aber auch zwischen Fachbereichen.

6.1.2 Einzelmaßnahmen

Einzelne, isolierte Maßnahmen können sich potenziell gegenseitig behindern, z. B. Buslinien und Fahrradwege auf einer Fahrbahn.

6.1.3 Definitionen

Es ist essenziell, Ziele und Belange genau zu definieren. Dasselbe gilt für die aus ihnen hergeleiteten Indikatoren, da sie dem Monitoring und der Vergleichbarkeit dienen.

Lösungsempfehlung

unter 3.2 Prinzipien:
→ 3.2.10 Koordiniert
→ 3.2.13 Partnerschaftlich
unter 5. Prozedur:
→ 5.3 Strategisches Netzwerk
→ 5.4 Realisierung
→ 5.8 Urbane Klima- und Nachhaltigkeitsprüfung

6.2 Potenzielle Zielkonflikte

Die politische Entscheidung über die strategischen Ausrichtungen von sich gegenseitig widersprechenden Zielen basiert oftmals auf einem »Einerseits versus andererseits«-Vergleich der zu erwartenden positiven und negativen Auswirkungen.

Entscheidungsempfehlung

Generelles Instrument zur Gewichtung der Ziele des Transformationsprozesses und der betroffenen Handlungsfelder ist die systematische Abwägung innerhalb der → Klima- und Nachhaltigkeitsprüfung (5.8).

Als Lösungsvorschläge für die folgenden am häufigsten vorkommenden Zielkonflikte wird auf die entsprechenden Handlungsfelder, Prozeduren und Prinzipien verwiesen.

6.2.1 Urbane Freiflächen versus kompakte Stadt

Einerseits:

verdichtete urbane Strukturen mittels Innenentwicklung mit Vorteilen für:

- Energieeffizienz – durch Wärmeinseleffekt und Senkung des Heizenergiebedarfs
- Mobilität – Stadt der kurzen Wege

Anderseits:

offenere Strukturen mit innerörtlichen Freiflächen mit Vorteilen für:

- klimatischen Ausgleich durch Luftzirkulation
- Naherholung
- Biotope

Entscheidungsempfehlung

unter 9. Thematische Handlungsfelder:

→ 9.3 Flächen
→ 9.4 Makro- und Mikroklima
→ 9.5 Biodiversität

→ 7.1 Urbane Dichte (unter 7. Stadtstrukturelle Handlungsfelder)
→ 8. Gebietsbezogene Handlungsfelder

6.2.2 Verschattung: Fluch (bei Kälte) versus Segen (bei Hitze)

Einerseits:

Vermeidung von Wärmeverlust insbesondere bei Sonnenschein im Winter während der Heizperiode

Andererseits:
Sinnvoll ist eine Verschattung für das »Urban Cooling«, wenn sie im Sommer zur thermischen Behaglichkeit und zu geringeren Temperaturen beitragen kann.

Entscheidungsempfehlung
→ 9.4 Makro- und Mikroklima
→ 8.4.2 Solarenergetische Optimierung

6.2.3 Vorhandene Daten versus neue Definitionen

Einerseits:
Die Veränderung der Definition von Indikatoren für urbane Belange – z. B. durch neue Erkenntnisse – ist sinnvoll und notwendig, da nur so der Transformationsprozess aktualisiert werden kann.

Andererseits:
Es besteht die Gefahr der Verlangsamung des Transformationsprozesses, da die praktischerweise bereits vorhandenen einheitlichen, mess- und vergleichbaren statistischen Daten nun unbrauchbar sind und aufwendig neu aufgearbeitet sowie zugänglich bereitgestellt werden müssen.

Entscheidungsempfehlung
unter 3.2 Prinzipien:
→ 3.2.10 Koordiniert
→ 3.2.14 Digital

6.2.4 Flexibilität versus Planungssicherheit

Einerseits:
Entscheidungen müssen korrigierbar sein, um auf neue Erkenntnisse zeitnah reagieren zu können, falls sich z. B. aufgrund von veränderten Rahmenbedingungen die Notwendigkeit einer Korrektur ergeben sollte.

Andererseits:
Stabilität, Verbindlichkeit und Planungssicherheit erleichtern die Umsetzung.

Entscheidungsempfehlung

→ 2.3 Überblick: Funktionsweise des Transformationsprozesses

unter 5. Prozedur:

→ 5.3 Strategisches Netzwerk

→ 5.1 Rolle der Akteure, z. B. kommunale Verwaltungsstruktur

6.2.5 Umwelt- versus Klimaschutz

Umweltschutz wird oft als Vorwand zur Verhinderung von Klimaschutzmaßnahmen benutzt, z. B. bei Windparks wegen Gefährdung der Vögel. Langfristig ist Umweltschutz jedoch nur durch Klimaschutz möglich.

Entscheidungsempfehlung

→ 5.2.1 Aufklärung, Weiterbildung und Beratung

- Lage und Gestaltung → Stadtstrukturelle (7) und → Gebietsbezogene Handlungsfelder (8)

→ Prinzip Zukunftsorientiert (3.2.7)

6.2.6 Denkmal- versus Klimaschutz

Die Gestaltung von Altbauquartieren nach modernen energetischen Anforderungen wird durch stringente Denkmalschutzvorgaben be- und oftmals verhindert.

Entscheidungsempfehlung

- kurz- und mittelfristig: konsequente Anwendung der Vorgabe der »nachhaltigen« Erhaltung von Altbaubeständen (BauGB)
- langfristig: → 4.2 Urbaner GesetzesOrdner (unter 4. Legal und legitim)

6.2.7 Solaranlagen versus Dachbegrünung

Beides benötigt unterschiedliche Dachneigungen.

Entscheidungsempfehlung

→ 8.4 Grundstücke und Gebäude (unter 8. Gebietsbezogene Handlungsfelder)

→ 3.2.10 Prinzip Koordiniert

→ 5.5. Kooperationen (unter 5. Prozedur)

6.3 Risiken

6.3.1 Gentrifizierung durch Revitalisierung

Die Revitalisierung, besonders der durch den Wechsel zu erneuerbaren Energien redundant gewordenen Kohle-, Stahl- und Hafenquartiere, wird oftmals über den meistbietenden Verkauf der Industrieflächen für Luxuslandnutzungen und -entwicklungen finanziert.
Die Konzepte, diese Gebiete durch Aufhübschungen wie etwa Parks, Cafés, glänzende Wohntürme und Uferpromenaden zu revitalisieren, bergen die Gefahr der Verdrängung der ursprünglichen Bewohner.

Lösungsempfehlung
unter 3.2 Prinzipien:
→ 3.2.9 Holistisch
→ 3.2.7 Zukunftsorientiert
→ 3.2.13 Partnerschaftlich

unter 5. Prozedur:
→ 5.3 Strategisches Netzwerk
→ 5.4 Realisierung
→ 5.6 Partizipation (ausgewogene Einbeziehung aller Aspekte und Interessen)
→ 5.8 Klima- und Nachhaltigkeitsprüfung (frühes Einkalkulieren sekundärer Effekte)

unter 8. Gebietsbezogene Handlungsfelder:
→ 8.2.Stadtviertel/Quartiere

unter 9.Thematische Handlungsfelder:
→ 9.8.Ökonomische Vitalität
→ 9.7 Livability – urbane Lebensqualität

6.3.2 Verlagerungs- und Verdrängungseffekte

Gut gemeinte lokale Maßnahmen können problematische Aspekte räumlich oder thematisch in andere Bereiche oder in die Zukunft verschieben.

Beispiele

- Das stringente Vorgehen einer Stadt gegen die energieintensive Produktion verlagert das Problem in weniger regulierte Regionen, ohne dass ein Nettogewinn bei der Emissionsreduktion zu erwarten ist. So haben einige Städte in China, Südkorea und Vietnam Industrien nach außerhalb der Stadt verlagert, um ihre Umweltwerte zu verbessern.
- Nachverdichtung erhöht das Pendeln ins Umland zur Naherholung. Innerörtliche Freiflächen bewirken das Pendeln ins Zentrum, da sie eine weitere Bebauung der Vororte nach sich ziehen.

Lösungsempfehlung

→ 5.3 Strategisches Netzwerk
→ 3.2.10 Prinzip Koordiniert

6.3.3 »Windige Stadt«-Syndrom

Durchlüftung mit Frischluft kann zur Auskühlung und zu erhöhtem Heizbedarf führen.

Lösungsempfehlung

→ 7.1 Urbane Dichte und → 7.3 Stadtgestaltung (unter 7. Stadtstrukturelle Handlungsfelder)
→ 8.4 Grundstücke und Gebäude (unter 8. Gebietsbezogene Handlungsfelder)
→ 9.4 Mikro- und Makroklima (unter 9. Thematische Handlungsfelder)

6.3.4 Verfall während der Transformationsprozesse

Verfall und Wertverlust entstehen durch ausbleibende Wartung und Investitionen, bis geplante Handlungen endlich stattfinden.

Lösungsempfehlung

- Zwischennutzungen → vertikal und horizontal Nutzungs- und Funktionsmischung (7.2 unter 7. Stadtstrukturelle Handlungsfelder)
- frühzeitiges Einplanen dieses sekundären Effekts, → Prinzipien Holistisch (3.2.9) und Zukunftsorientiert (3.2.7) mittels der → Klima- und Nachhaltigkeitsprüfung (5.8)

6.3.5 Datenschutz/Transparenz

Die Informationssammlung für die Klima- und Nachhaltigkeitsprüfung, z. B. zur Erfassung der Ausgangssituation und zum Monitoring, geht mit Datenschutz- und Sicherheitsbedenken einher. So sind viele Städte nun gesetzlich verpflichtet, private Daten zu schützen. Auch sind einige Akteure zurückhaltend bei der Veröffentlichung von Informationen, die zeigen könnten, dass sie bestimmte Ziele nicht erreicht haben.

Lösungsempfehlung

Integration von Mechanismen für »Governance«, Sicherheit, Ethik und Engagement als Bestandteil des Transformationsprozesses, um Vertrauen zu gewährleisten. → 5. Prozedur

6.3.6 Beeinträchtigungen bei Mischnutzung

Neue Anwohnende könnten sich wegen des Lärms von bereits ansässigem Gewerbe beschweren.

Lösungsempfehlung

unter 5. Prozedur:

- → Verträge (bei 5.5.2)
- → 5.6 Partizipation besonders bei → suburbanen Plänen wie Quartierskonzepten (5.3.2)
- → 5.2.1 Aufklärung, Weiterbildung und Beratung

→ 7.2 Vertikale und horizontal Nutzungs- und Funktionsmischung (unter 7. Stadtstrukturelle Handlungsfelder)

6.3.7 Vernachlässigte Sozialverträglichkeit

Temporäre Verteuerungen, vor allem bei der Energieversorgung, bergen die Gefahr, dass Betroffene sowie Akteure die Transformation als zu belastend empfinden und sie daher nicht mittragen wollen (oder können) bzw. schlimmstenfalls verweigern.

Lösungsempfehlung

Initiale Subventionen als notwendige Investitionen zur Finanzierung des Übergangs zur klimagerechten und nachhaltigen Stadt

unter 5. Prozedur:
→ 5.2.1 Aufklärung, Weiterbildung und Beratung
→ 5.9.1 Prinzipien der Finanzierung
→ 5.9.2 Finanzierungsquellen
→ 5.6 Partizipation

6.4 Vorurteile/Skepsis

Folgende Punkte werden häufig als Einwände gegen Klima- und Nachhaltigkeitsmaßnahmen genannt. Mit zumindest in Fachkreisen längst bekannten Gegenargumenten sollte vermehrt öffentlich geworben werden.

6.4.1 »Zu teuer«

Finanziell muss es – klug geplant auf Strategiebasis – nicht unbedingt teurer werden.

Lösungsempfehlung
unter 5. Prozedur:
→ 5.2.1 Aufklärung, Weiterbildung und Beratung
→ 5.9 Finanzierung

unter 9. Thematische Handlungsfelder:
→ 9.8. Ökonomische Vitalität

6.4.2 »Deutschland kann allein gar nichts erreichen«

Mit der Vorreiterrolle und in Zusammenarbeit auf EU- und UN-Ebene lässt sich einiges erreichen – auch durch wirtschaftliche Beeinflussungen, z. B. den Export von Technologien und Wissen sowie entsprechende Bedingungen bei finanziellen Hilfen.

Lösungsempfehlung
→ 5.2.1 Aufklärung, Weiterbildung und Beratung
→ 3.2.13 Prinzip Partnerschaftlich

6.4.3 Struktur- und Beschäftigungseffekte

Befürchtete Rezessionen in Wirtschaftsbranchen, die bisher von fossilen Ressourcen abhängig waren und nun auf Erneuerbare umstellen, sind bisher nicht eingetreten. Allerdings müssen die gegenwärtig noch unzureichend erkannten potenziell positiven Effekte der ökonomischen Transformation tatsächlich noch effektiver zu kommuniziert werden.

<u>Lösungsempfehlung</u>
→ 5.2.1 Aufklärung, Weiterbildung und Beratung
→ 9.8 Ökonomische Vitalität (unter 9.Thematische Handlungsfelder)

6.4.4 Fehlende Konzepte

Fast alle Großstädte – als schlimmste Verursacher – haben einen Klimaplan (Hamburg übrigens schon seit Ende 2017)!

<u>Lösungsempfehlung</u>
→ 5.2.1 Aufklärung, Weiterbildung und Beratung
→ 5.3 Strategisches Netzwerk

6.4.5 Keine Rechtsgrundlage

Das BauGB unterstützt bereits heute *jede* Klimaschutz- und Anpassungsmaßnahme.

<u>Lösungsempfehlung</u>
→ 4. Legal und legitim

6.5 Fehlender Mut oder »Das haben wir schon immer so gemacht«

Verweise auf bisherige Prozeduren sind eine große Barriere bei der Suche nach Lösungen zur Umsetzung der Transformation.
»Gute Idee, aber das funktioniert nicht.« Ja, aber warum eigentlich nicht? Wegen veralteter Prozeduren und Bestimmungen? Dann müssen diese geändert werden.

Beispiele:

- Auf dem Vorplatz des Hamburger Rathauses könnten keine Bäume gepflanzt werden, weil Leitungen darunter verlaufen.
- Energetische Sanierung würde Brandschutzbestimmungen widersprechen.
- Ein Pilotprojekt für alternative Mobilität in Hamburg-Ottensen wurde gerichtlich gestoppt aufgrund eines veralteten Verkehrsgesetzes.

Lösungsempfehlung

→ 5.3 Strategisches Netzwerk
→ 5.1 Rolle der Akteure
→ 3.2.6 Prinzip Zielorientiert
→ 4. Legal und legitim

6.6 Vorschriften

6.6.1 Freiwilligkeit

Ganz ohne verbindliche gemeinsame Regeln hat es bisher nicht funktioniert.

Lösungsempfehlung

→ 3.2.8 Prinzip GeRECHT
→ 4.2 Urbaner GesetzesOrdner (unter 4. Legal und legitim)
→ 5.3 Anreize zur Verhaltensänderung

6.6.2 Konträre Sicherheits- und Gesundheitsvorschriften

Sie verhindern die Umsetzung von Klima- und Nachhaltigkeitsaspekten oder stehen einem innovativen Gebäudegestaltungsdesign, z. B. zur passiven Energienutzung, entgegen:

- bei feuerpolizeilichen Vorschriften
- im Hygiene- und Gesundheitsbereich
- beim Bauordnungsrecht
- Boden-, Nachbarschafts- und Wohnrecht
- Lärmschutz, z. B. bei Mischnutzung
- Verpflichtende Risikoübernahme von Behörden und Verwaltung, z. B. bei:
  - Kindergarten
  - Fassaden- und Dachbegrünung.

Lösungsempfehlung

→ Prinzipien: Holistisch (3.2.9), Koordiniert (3.2.10) und GeRECHT (3.2.8)
→ 5.5 Kooperationen (bezüglich Verträge, Satzungen etc.)
→ 8.4 Grundstücke und Gebäude (unter 8. Gebietsbezogene Handlungsfelder)
→ 4.2 Urbaner GesetzesOrdner (unter 4. Legal und legitim)

6.6.3 Rechtsnormen

Unübersichtliche, unzureichend deutliche oder nicht zielgerichtete gesetzliche Regelungen für urbane Gebiete

Lösungsempfehlung

→ 4.2 Urbaner GesetzesOrdner (unter 4. Legal und legitim)

6.6.4 Fokussierung auf Neubau

Viele Regelungen richten sich nur auf Neubau. Es ist sehr teuer und oft zeitaufwendig, fortschrittliche Vorschriften auf alte Strukturen anzuwenden. So werden z. B. viele energieineffiziente ältere Gebäude von Neuregelungen ausgenommen.

Lösungsempfehlung

→ 4.2 Urbaner GesetzesOrdner (unter 4. Legal und legitim)
→ 5.3 Strategisches Netzwerk
→ 3.1 Ziele
→ 3.2.1 Prinzip Vom Bestehenden ausgehen

6.6.5 Auflagen

Auflagen schaffen oft unüberwindbare Hürden, z. B. für erneuerbare Energien, etwa bei Standortbedingungen für Windkraftanlagen, weshalb sie bei den momentan geltenden Auflagen praktisch nirgendwo errichtet werden können.

Lösungsempfehlung

→ 4.2 Urbaner GesetzesOrdner (unter 4. Legal und legitim)
→ 5.3 Strategisches Netzwerk

6.7 Prozedere/Verfahren

6.7.1 Geschwindigkeit

- zu langsame Reaktionen auf neue Klima- und Nachhaltigkeitserkenntnisse. So werden vor Jahrzehnten geplante Autobahnen gebaut, obwohl sie eigentlich nicht mehr benötigt werden.
- schwerfällige Behörden, z. B.:
  - die Planfeststellung für Neubaustrecken der Bahn dauert ca. 15 Jahre
  - Bauleitpläne bei Änderungen sind schon veraltet, bevor sie beschlossen werden.

<u>Lösungsempfehlung</u>
→ 5.3 Strategisches Netzwerk
→ 3.2.3 Prinzip Dringlichkeit – Funktionierendes bleibt!
→ 4.2 Urbaner GesetzesOrder (unter 4. Legal und legitim)

6.7.2 Besitzverhältnisse

Häufig sind langwierige Verhandlungen mit zahlreichen Einzeleigentümern nötig. Das ist das am stärksten unterschätzte Problem und eine große Hürde bei der Umsetzung der Transformation von Quartieren.

<u>Lösungsempfehlung</u>
unter 5. Prozedur:
→ 5.4.2 Klärung der Landbesitzverhältnisse (unter 5.4 Realisierung)
→ 5.1.1 Kommunen/Gemeinden (unter 5.1 Rolle der Akteure)

6.7.3 Vergabebedingungen

Entsprechend den Vergabebedingungen sollte die Auswahl nicht nach dem preislich günstigsten, sondern dem besten Konzept nach Maßgabe der in der Strategie gesetzten Ziele und Visionen vorgenommen werden.

<u>Lösungsempfehlung</u>
→ 5.2.8 Bedingungen setzen (unter 5.2. Anreize zur Verhaltensänderung)

Oft müssen finanzielle Zuschüsse oder Förderungen bis zu einem bestimmten Zeitpunkt abgerufen worden sein, was zu teils sinnfreien Ad-hoc-Ausgaben führen kann.

Lösungsempfehlung
→ 5.4 Realisierung (unter 5. Prozedur)
→ 8.2.3 Änderungsbedarf (unter 8.2 Stadtviertel/Quartiere

6.7.4 Kontrolle zur Einhaltung der Vorschriften

Es braucht oft nicht neue Gesetze, sondern:

- ein Monitoring bei der Umsetzung bestehender Rechtsnormen,
- effektivere Kontrolle bestehender Ver- und Gebote mit überzeugenderen Konsequenzen.

Lösungsempfehlung
→ 5.7 Erfolgskontrolle durch kontinuierliches Monitoring (unter 5. Prozedur)

6.7.5 Digitalisierung

Prozesse der Zusammenarbeit, Kommunikation und Koordinierung werden durch fehlende Vernetzung erschwert.

Lösungsempfehlung
unter 3.2 Prinzipien:
→ 3.2.10 Koordiniert
→ 3.2.14 Digital

6.8
Kommunaler Praxisalltag

Da Stadtentwicklung Aufgabe der Gemeinden ist, hapert die Umsetzung häufig am Behördenalltag.

6.8.1 Lokalpolitik

6.8.1.1 Politischer Reaktionismus

Den bundespolitischen Bekenntnissen zu Klimaschutz und Nachhaltigkeit steht ein lokalpolitischer Wählerdruck gegenüber. Ad-hoc-Reaktionen der Kommunalpolitik auf eine wachsende Zahl von Bürgerinitiativen haben zahlreiche unkoordinierte und spontane Aktionen zur Folge.

Beispiel:

Förderung der Radinfrastruktur: Der Hamburger Elbstrandweg wurde bereits während der Vorüberlegungen zum Routenverlauf nur aufgrund lautstarker Proteste einiger weniger, aber gut vernetzter Anwohnenden verhindert, noch bevor (!) der eigentliche Beteiligungsprozess überhaupt stattfinden konnte.

6.8.1.2 Widersprüche zwischen Strategie und Umsetzung

Beispiel:

Strategische Bekenntnisse zur Wiedernutzung des Bestands werden abgelegt, aber bei der Realisierung Hightech-»Smart«-Gebäude bzw. -Zentren auf der grünen Wiese gefördert.

6.8.1.3 Klüngelei

Persönliche Sympathien beeinflussen Entscheidungen. Die Grenzen zwischen Politik und Verwaltungsprozessen verfließen.

<u>Lösungsempfehlung</u>

unter 5. Prozedur:
→ 5.3 Strategisches Netzwerk
→ 5.6 Partizipation
→ 5.4 Realisierung
→ 5.7 Erfolgskontrolle durch kontinuierliches Monitoring

unter 6. Achtung, Barrieren!:
→ 6.9 Lobbyismus

6.8.2 Verwaltung

6.8.2.1 Wissens- und Anwendungslücken zwischen Verwaltungsroutinen und Forschung

- von der Uni an den ersten Arbeitsplatz in einer Behörde – gefühlt zurück in die Steinzeit
- Für neue Maßnahmen gibt es noch keine Erfahrungssicherheit, Prozesse sind noch nicht abgesichert durch Fach- und Lehrmeinungen.

Lösungsempfehlung

→ 5.2.1 Aufklärung, Weiterbildung und Beratung
→ 3.2.11 Prinzip Wissenschaftsbasiert

6.8.2.2 Mangelnder politischer Rückhalt

Unzureichende Unterstützung bei der Durchführung örtlicher Maßnahmen. Auf kommunaler Ebene werden ratifizierte Konzepte »vergessen« bzw. missachtet, wenn Anwohnende etwa Sanierungskonzepte etc. kritisieren.

Lösungsempfehlung

unter 5. Prozedur:
→ 5.1 Rolle der Akteure
→ 5.6 Partizipation
→ 5.3 Strategisches Netzwerk
→ 5.4 Realisierung
→ 5.7 Erfolgskontrolle durch kontinuierliches Monitoring
→ 5.4.1 Konsens über das methodische und organisatorische Vorgehen

6.8.2.3 Fehlerkultur

Es besteht häufig eine Unwilligkeit, Fehler einzugestehen, oftmals aufgrund von drohenden Konsequenzen sowie mangelnden Möglichkeiten, eigene Verantwortung für deren Lösung zu übernehmen.

Lösungsempfehlung

Da es alle gesellschaftlichen Bereiche betrifft, müssen ermutigende Rahmenbedingungen für die Übernahme von Verantwortung ohne negative Konsequenzen gefördert werden. Bis dahin hilft es bei der Realisierung, Fehler anonym einem dazu extra ernannten Mitarbeitenden zu nennen.

unter 5. Prozedur:
→ 5.4 Realisierung
→ 5.1 Rolle der Akteure
→ 5.2.1 Aufklärung, Weiterbildung und Beratung (5.2 Anreize zur Verhaltensänderung)

6.8.2.4 Personenabhängigkeit

Expertise geht durch den Weggang eines zuständigen Mitarbeitenden verloren, wenn es keinen systematischen, allen zugänglichen Wissens- und Informationsfundus gibt.

Lösungsempfehlung
Unter 3.2 Prinzipien:
→ 3.2.10 Koordiniert
→ 3.2.14 Digital

6.9 Lobbyismus

Beeinflussung durch Interessengruppen
- national/regional: in der Zielsetzung, z. B. durch die Autoindustrie
- lokal: während der Umsetzung, z. B. durch Bürgerinitiativen

Lösungsempfehlung
→ 3.2.8 Prinzip GeRECHT
→ 4. Legal und legitim

unter 5. Prozedur:
→ 5.1 Rolle der Akteure
→ 5.2.1 Aufklärung, Weiterbildung und Beratung
→ 5.3 Strategisches Netzwerk

6.10 Informationen

6.10.1 Unrealistische Faktengrundlage

Kosten, Zeit und Risiken werden oftmals zu niedrig kalkuliert, um Genehmigungen oder Fördergelder zu erhalten.

- Gerade bei Großprojekten hat die Praxis des Baubeginns vor Fertigstellung der Planung aufgrund »unvorhergesehener« Ereignisse oftmals zeitliche Verzögerungen und Kostenexplosionen zur Folge, z. B. bei der Elbphilharmonie.
- Bei der Ausschreibung von Projekten steht der (billigste) Preis und nicht die Kompetenz im Vordergrund.

Lösungsempfehlung

unter 5. Prozedur:
→ 5.4.1 Konsens über das methodische und organisatorische Vorgehen
→ 5.5 Kooperationen
→ 5.7 Erfolgskontrolle durch kontinuierliches Monitoring
unter 3.2 Prinzipien:
→ 3.2.11 Wissenschaftsbasiert
→ 3.2.12 Kostenwahrheit

6.10.2 Desinformationen (»Fake News«)

Meinungen werden in sozialen Netzwerken manipuliert. Dennoch dürfen kommunale Mitarbeiter während der Arbeitszeit dort nicht agieren, um mit Fakten gegenzusteuern.

Lösungsempfehlung

unter 5. Prozedur:
→ 5.1 Rolle der Akteure
→ 5.2.1 Aufklärung, Weiterbildung und Beratung
→ 5.6 Partizipation

6.10.3 Beteiligungen/Partizipation

Oft scheitern oder verzögern sich Vorhaben,
weil Betroffene wegen unzureichender Aufklärung im Vorfeld

- nicht wissen, worum es überhaupt genau geht bzw. was überhaupt verhandelbar ist
- den Unterschied zwischen visionären Überlegungen und grenzgenauer Bauleitplanung mit rechtlichen Auswirkungen nicht kennen
- durch den zeitlichen Abstand zwischen dem Beschluss und der eigentlichen Durchführung sich kaum an die Thematik erinnern
- sich nicht bewusst sind, dass eine Beteiligung *nicht* bedeutet, dass sie ein Vorhaben verhindern können, nur weil sie dagegen sind.

Oder
weil Betroffene versuchen,

- Entscheidungen zu ihrem Vorteil zu beeinflussen durch Kampagnen, die über soziale Netzwerke organisiert werden und oft mit Falschinformationen arbeiten
- in einkommens- und bildungsstärkeren Stadtvierteln mit mehr relevanten Kapazitäten an gegen die Vorhaben gerichteten Initiativen teilzunehmen.

Diese Versäumnisse bei Beteiligungen können potenziell aufgrund des Wählerdrucks zu Ad-hoc-Entscheidungen bei Vorhaben führen.

Beispiele:

- Eine Informationsveranstaltung über die nachhaltige wirtschaftliche, soziale und umweltliche Aufwertung eines benachteiligten Quartiers lief aus dem Ruder, nachdem eine Bagatellfrage (zur Reparatur kaputter Toilettenspülungen) nicht gestoppt wurde und zu einer Endlosdiskussion führte. Ein einfacher Hinweis, dass die Beschwerde an die zuständige Hausverwaltung weitergegeben würde und es bei diesem 1,4-Mio.-GBP-Projekt um langfristigere Aspekte ginge, hätte dies verhindern können.
- Der Radweg am Hamburger Strand wurde verhindert, weil Anwohnende durch Falschinformation über eine Route empört waren, die so gar nicht geplant war.

- Bei visionären Entwicklungskonzepten löst die schematische Darstellung zur Veranschaulichung von potenziellen (aber noch nicht fest geplanten) Elementen eine Flut von Beschwerden gegen vermeintliche Auflagen aus.

Lösungsempfehlung
→ 5.6 Partizipation
→ 5.1 Rolle der Akteure
→ 5.2.1 Aufklärung, Weiterbildung und Beratung (unter 5.2 Anreize zur Verhaltensänderung)
→ 5.3.2 Suburbane Pläne und Programme (unter 5.3 Strategisches Netzwerk)

unter 6. Achtung, Barrieren!:
→ 6.8 Kommunaler Praxisalltag
→ 6.9 Lobbyismus
→ 6.10.2 Desinformation (»Fake News«)
→ 6.10.3 Beteiligungen/Partizipation

6.10.4 Fördermöglichkeiten, Bestimmungen und Produktübersicht

Private Investoren sind mit den verfügbaren Informationen oftmals überfordert.

Lösungsempfehlung
unter 5. Prozedur:
→ 5.2.1 Aufklärung, Weiterbildung und Beratung (unter 5.2 Anreize zur Verhaltensänderung)
→ 5.1 Rolle der Akteur

6.11 Finanzierung

6.11.1 Unzureichende Investition

- des *öffentlichen Sektors* in nachhaltige und klimagerechte Infrastruktur, besonders im Bereich Mobilität und Energie
- der *Privatwirtschaft* u. a. durch Kostenunsicherheit.

Erforderliche Produkte bzw. Technologien und Dienstleistungen sind noch nicht serienmäßig und industriell hergestellt und entsprechend arbeits- sowie kostenaufwendig. So ist etwa die Produktion von Wasserstoff mit erneuerbaren Energien noch nicht marktfähig.
Ungewisse Folgekosten: Viele ökologische Maßnahmen fordern aktive Mitwirkung der Nutzer, z. B. bei Wartung und Betreuung, deren Kosten im Vorfeld kaum abschätzbar sind.

Lösungsempfehlung
unter 5. Prozedur:
→ 5.2.1 Aufklärung, Weiterbildung und Beratung
→ 5.9 Finanzierung
→ 3.2.12 Prinzip Kostenwahrheit

6.11.2 Förderauflagen

- Zugangsvoraussetzungen für Finanzierungen und deren häufige Änderungen werden unzureichend bekannt gegeben.
- Aufgrund der zeitlichen Befristung der Förderungen werden kurz vor deren Ablauf oftmals auch völlig unsinnige Maßnahmen finanziert, nur damit Gelder nicht verfallen.

Lösungsempfehlung
unter 5. Prozedur:
→ 5.2.1 Aufklärung, Weiterbildung und Beratung

6.11.3 Steuern

Die Nutzung von Steuereinnahmen zur Finanzierung der klimagerechten und nachhaltigen Transformation birgt die Gefahr einer Abhängigkeit von nicht gewünschten Handlungen: »den Ast absägen, auf dem man sitzt«. Das gilt z. B. für die Kraftstoffsteuer zur Finanzierung der Verkehrswende, deren Höhe sich ja verringern würde, wenn es weniger Fahrzeuge gäbe.

6.11.4 Investition in langfristig klimaschädliche und nicht nachhaltige Prozesse

Auch hier droht eine Abhängigkeit und indirekt sogar deren Förderung, wenn solche eigentlich ungewünschten Investitionen zur übergangsweisen Finanzierung genutzt werden, z. B. Abwärme von Müllverbrennungsanlagen zum Heizen von anderen Gebäuden.

Lösungsempfehlung

unter 5. Prozedur:

→ 5.9 Finanzen

→ 5.3 Strategisches Netzwerk

→ 5.4 Realisierung

unter 3.2 Prinzipien:

→ 3.2.12 Kostenwahrheit

→ 3.2.14 Digital

→ 3.2.4 Priorisiert – das Wichtigste zuerst

6.12 Ästhetische Werte/Designverständnis

Oftmals empfinden wir Neues als befremdlich wegen der ungewohnten Architektur, vor allem bei Energieinfrastruktur, z. B. Windkrafträdern. Das ist allerdings meist nur eine Frage der Gewöhnung, die durch Verwendung von ästhetischem Design für Energieinfrastrukturen erreicht werden kann. Zudem haben wir bisher ja auch nicht das Design von Tankstellen oder oberirdischen Strommasten hinterfragt.

Lösungsempfehlung

→ 7.3 Stadtgestaltung (unter 7. Stadtstrukturelle Handlungsfelder)

→ 5.2 Anreize zur Verhaltensänderung

TEIL 3

Lösungsansätze der stadtstrukturellen, gebiets-bezogenen und thematischen Handlungsfelder

Alle urbanen Aspekte, die die klimaneutrale und nachhaltige Stadt beeinflussen werden, in interaktive Handlungsfelder kategorisiert:

- Stadtstrukturell
  - Dichte
  - Nutzungs- und Funktionsmischung
  - Stadtgestaltung
- Gebietsbezogen
  - Gesamtstadt
  - Viertel/Quartiere
  - Zentren
  - Grundstücke mit Gebäuden
- Thematisch
  - Mobilität
  - Energie
  - Flächen
  - Makro- und Mikroklima
  - Biodiversität
  - Wasser
  - Livability
  - Ökonomische Vitalität
  - Abfall

Die sachspezifischen Aspekte der → thematischen Handlungsfelder wirken interaktiv zusammen mit Faktoren der → stadtstrukturellen Handlungsfelder (Dichte, Nutzungs- und Funktionsmischung, Stadtgestalt) wie sektorale, vertikale Säulen auf die verschiedenen geografischen Einheiten der Stadt, wo sie auf ortsspezifische Eigenschaften treffen und der Prozess durch die → gebietsbezogenen Handlungsfelder eine lokale Dynamik erfährt.

Abbildung 1: *Interaktion der Handlungsfelder im Transformationsprozess.*

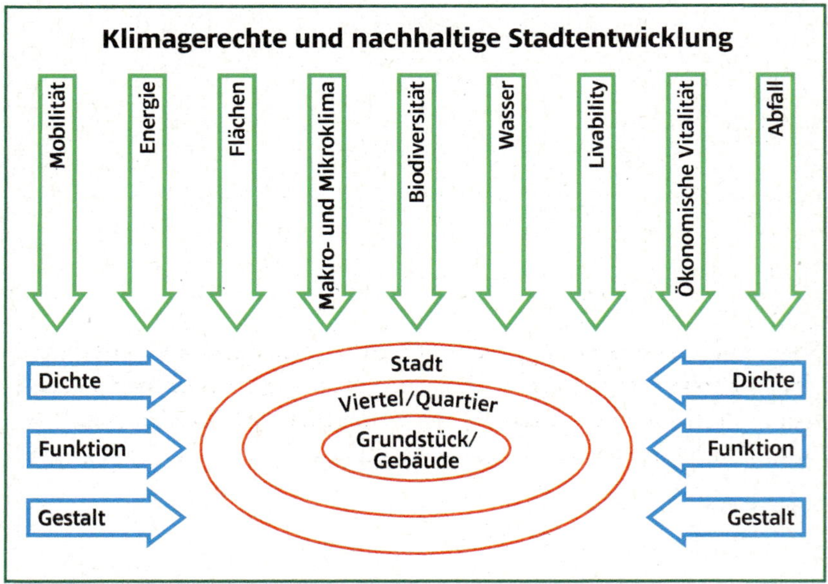

In diesen Handlungsfeldern werden Aspekte detaillierter vertieft:

- Ideale bzw. Unterziele
- wesentliche Herausforderungen und Potenziale
- Hebelwirkungen
- Maßnahmen und spezifische Sachstrategien
- Mögliche Indikatoren für die Klima- und Nachhaltigkeitsprüfung
- ggf. urbane Resilienzfaktoren.

→ 2.3 Überblick: Funktionsweise des Transformationsprozesses

7
Stadtstrukturelle Handlungsfelder

Ideal:
Eine kompakte, polyzentrische urbane Struktur der kurzen Wege mit vielfältiger kompatibler Nutzungsmischung, optimiert weiterentwickelbar durch:
- ▸ urbane Verdichtung
- ▸ Nutzungs- und Funktionsmischung
- ▸ Stadtgestaltung

Diese Faktoren prägen das urbane Gefüge und wirken zusammen mit den
- ▸ sachspezifischen → thematischen Handlungsfeldern (9) und
- ▸ räumlich-geografischen → gebietsbezogenen Handlungsfeldern (8).

→ Abbildung 1: Interaktion der Handlungsfelder im Transformationsprozess (Teil 3)

Stadtstrukturelle Handlungsfelder werden aus den → Zielen (3.1) des jeweiligen → Transformationsrahmens (5.3.1) der Stadt abgeleitet unter Berücksichtigung allgemeingültiger, alle Aspekte betreffender → Prinzipien (3.2).

→ 2.3 Überblick: Funktionsweise des Transformationsprozesses

7.1 Urbane Dichte

Ideal:
»Hyperdensity«: hochverdichtet ohne Funktions-, Komfort- oder Qualitätsverlust

→ Achtung, Barrieren! (6) – Potenziell Zielkonflikt (6.2): urbane Freiflächen versus kompakte Stadt

7.1.1 Kluges Verdichten

- Recyceln von innerstädtischen → Flächen (9.3) durch Umgestaltung bzw. Wiedernutzung, Füllen von Baulücken etc.
- Aufsetzen von zusätzlichen Etagen auf Gebäuden
- Mehrfachnutzungen (zeitlich und räumlich), etwa durch »Shared Space«
- Umwidmung von Wohn- in Mischgebiete
- Erhöhung der Dichte in Vororten (z. B. durch Teilung der Grundstücke)
- bei Hochhaus- bzw. Plattenbausiedlungen: Nutzung der »Rasenwüste« zwischen den Wohnblöcken für Gebäude des täglichen Bedarfs (z. B. Einkaufen) sowie für Gewerbe und Freizeit etc.

In einigen Gebieten, wie etwa in Gründerzeitquartieren, ist Nachverdichtung schwierig. Dort wären andere Maßnahmen wie Entsiegelung, Umnutzung von Garagenhöfen und Bepflanzung etc. praktikabler.

7.1.2 Akzeptanz höherer Dichten

Die notwendigen hohen Dichten sind nur erreichbar durch:

- entsprechendes Gebäudedesign zur Wahrung der Privatsphäre bzw. zum Lärm-/Emissionsschutz
- das Komprimieren des Stadtgrüns: kleinteiliger, kompakter, an und zwischen urbanen Strukturen, biodiverser und von höherer ökologischer und Freizeitqualität
- den Abbau von Vorurteilen gegenüber höheren Dichten.

Aber wie realistisch sind eigentlich diese Vorstellungen? Die in der öffentlichen Diskussion geäußerte Befürchtung über unakzeptable hohe Dichtewerte von Bauprojekten im Rahmen der Innenentwicklung entsprechen laut Untersuchungen in Bremen[31] nicht den Tatsachen. In den beliebtesten Quartieren Bremens gibt es 100 oder mehr Einwohner pro Hektar, im »Viertel« oder in der »Neustadt« oftmals sogar zwischen 200 und 400. Sie sind also extrem dicht bebaut. Gezielte Aufklärung während der Beteiligung kann hier falsche Vorstellungen beseitigen.

7.1.3 Berechnungen von Dichte

Als fundierte Messgrundlage – auch zur Vergleichbarkeit von Städten in Deutschland untereinander – ist eine einheitliche Definition von Dichte notwendig.
Die *Siedlungsdichte* beschreibt die Zahl der Einwohnenden pro Quadratkilometer Siedlungs- und Verkehrsfläche. Sie ist daher, anders als die *Einwohnerdichte* (Personen/Einwohnende je Quadratkilometer bzw. Hektar) ein qualifizierteres Maß für Dichte.
Da sich jedoch die Nutzung der Verkehrsfläche durch die Mobilitätswende verändert, wird eine neue Definition – vielleicht »urbane Dichte« – nötig werden.

Versorgungsdichte

Um eine vitale Quartiersinfrastruktur mit funktionierender Nahversorgung (→ 8.3 Lebendige Zentren) zu gewährleisten, bedarf es einer Mindestdichte der angrenzenden Wohngebiete.

Dichte in Bezug zu Gebietstypologie bzw. Gebäudeformen

Recherchen für eine einheitliche Klassifizierung sind empfehlenswert.
Logisch ist allerdings das Ranking von positiv (kompakte und mehrgeschossige Gebäudekomplexe) zu negativ (freistehende Einfamilienhäuser) aufgrund des Flächenverbrauchs.

→ 8.4.2.3 Kompaktheit (unter 8.4.2 Solarenergetische Optimierung)

Informationsgrundlage über bestehende Dichten

Erforderlich hierfür ist ein Dichtekatalog als Grundlage für Strategien zur Nachverdichtung wie z. B. die interaktive Karte der urbanen Dichte für Hamburg.[32]

Mögliche Indikatoren für die Klima- und Nachhaltigkeitsprüfung

- minimalster Platzbedarf ohne Funktionsverlust
- Größe des Erweiterungs-, Expansions- bzw. Wachstumspotenzials vor Ort

7.2 Vertikale und horizontale Nutzungs- und Funktionsmischung

In Gebieten und innerhalb von Gebäuden sorgt die vertikale und horizontale Nutzungs- und Funktionsmischung für lebendige Stadtquartiere des Ortes. Dabei tragen die kurzen Wege flächensparend zu einem klimagerechten, nachhaltigen Verhalten bei.

Art, Dauer der Nutzung kann intensiviert werden durch:

- Mehrfachnutzung, z. B. gemeinsame Infrastruktur u. a. für Gewerbe, Büros, Mobilität etc.
- Zwischennutzung während des Transformationsprozesses als Prävention vor dem Verfall und einhergehendem Wertverlust (»blight«) mithilfe von Zwischenzeitzentralen
- zeitliche Entzerrung der Nutzung der Flächen (z. B. tagsüber Geschäfte, abends Restaurants).

Dieses würde ermöglicht durch:

- Designvorgaben für unterschiedliche, besondere Arten der baulichen Nutzung (→ 7.3 Stadtgestaltung)
- rechtliche Klärung und Sicherung, welche Nutzungen in welcher Nähe zueinander gewünscht sind: Da Mischnutzungen als Grundbaustein der klimagerechten und nachhaltigen Stadt überall vorkommen, würden besonders ausgewiesene Mischgebiete somit obsolet, und die Art der Mischnutzung müsste stattdessen aufgrund der Ziele des jeweiligen Transformationsrahmens ermittelt werden.

→ Achtung! Barrieren (6)

Einige Nutzungen (z. B. Einzelhandel, Dienstleistung, Kultur) sollten vorrangig für Zentren zum Schutz ihrer Vitalität vorbehalten bleiben. (→ 8.3 Lebendige Zentren)

Lärm/Emissionen in Gemengelagen

Beispiel: In der Bremer Überseestadt, einer begehrten Wohngegend, innenstadtnah und direkt am Wasser gelegen, wurde in zeitlich begrenzten Kündigungsklauseln vertraglich vereinbart, dass es durch die teilweise bereits vorhandene gewerbliche Nutzung auch lauter werden kann und dies kein Kündigungs- bzw. Rücktrittsgrund von Kauf oder Miete einer Immobilie ist. Obwohl dieser Sachverhalt vorher bekannt war, kam es anfangs zu vermehrten Beschwerden, weil nächtliches Arbeiten »überraschend« zur Belästigung wurde. Dies wäre durch Implementierung aller Gestaltungsmöglichkeiten zukünftig vermeidbar.

7.3 Stadtgestaltung

Ideal:

Die Anordnung und Gestaltung eines urbanes Gebiet, sodass es durch seine Form und Funktion zusammen mit einer Ästhetik, die als attraktiv empfunden wird, angenehm zu nutzen und als Resultat praktisch und erfolgreich ist.

Es geht also um ein Designverständnis für die Stadt (»Urban Design«) als gegliedertes Ganzes, wie ein Rasterrahmen, also die Art und Weise der Beziehung zwischen Gebäuden, Routen, Plätzen, Freiflächen.

Das ist notwendig, damit die erstrebenswerte, also weit höhere → urbane Dichte (7.1) zusammen mit

- Nutzungs- und Funktionsmischungen (7.2) sowie
- solarenergetischer Optimierung (8.4.2)

ohne

- Funktionsverluste der städtischen Prozesse und
- Einschränkungen von Lebensqualität (Lärm- und Emissionsschutz, Privatsphäre) implementiert und akzeptiert werden kann.

Dazu wird sich unser Architekturästhetik- und Designverständnis allmählich an das noch ungewohnte, neuere Aussehen gewöhnen, besonders bei der Gewinnung regenerativer Energie wie etwa bei Windkrafträdern, Solardächern etc. gegenüber konventionellen Strommasten. Mit der Zeit werden diese Anblicke zur Selbstverständlichkeit, die nicht mehr hinterfragt wird.

Momentan ist es jedoch noch eine → Achtung, Barrieren! (6) – Ästhetische Werte/Designverständnis (6.12).

Qualitativ hohe und funktionell effektive Standards der Stadtgestaltung werden erreicht unter Anwendung von anerkannten Gestaltungsprinzipien und »Urban Design«-Grundsätzen,[33] die für alle verbindlich in Gestaltungssatzungen zu definieren sind.

Es geht dabei um

- Verhältnisse
- Relationen und
- Maßstäbe/Ratio,

die auch per Formel angewandt werden können und durch den Gestaltungskatalog des § 9 BauGB rechtliche Unterstützung finden.

7.3.1 Layout

Der Grundriss der Stadt, das Muster, also die räumliche Anordnung, die Verteilung und der Maßstab (Verhältnis) von Straßen, Blöcken und Grundstücken

Unterteilung des Gebietes in kleinere Bereiche je nach Nutzung/Zweck von der Grobstruktur bis hin zur Feinstruktur (Körnung)

Anordnung, Volumen, Höhe, Masse, Größe, Form und Orientierung eines Gebäudes oder einer Gebäudegruppe sowie Gebäudeteile und ihrer Details in Bezug auf das Verhältnis zu anderen Gebäuden und öffentlichen Räumen, insbesondere der Größe von Personen (menschlicher Maßstab)

Nach folgenden Grundsätzen:

- keine ungenutzten Räume ohne Zweck
- Vermeidung von Baulücken (diese wirken wie Zahnlücken)
- klare Unterscheidung zwischen öffentlichem und privatem Raum:
  - das Verhältnis des Gebäudes zur Straße
  - Grenzdesign für Fassaden als Verbindung/Schnittstelle
- Umschließung
  - von Plätzen durch Gebäude und Bäume mit einem dem Ortscharakter angemessenen Maßstab

- Ensemble im städtischen Zusammenhang statt individualistischer Eventarchitektur
- Von Gebäuden einsehbare öffentliche Routen bieten ein Gefühl der Sicherheit.
- Design zur Wahrung der Privatsphäre

7.3.2 Konnektivität und Durchlässigkeit

Wo bin ich, und wie möchte ich wohin? Zugänglichkeit und Navigierbarkeit zu und innerhalb von Gebieten/Quartieren durch klare, leicht verständliche direkte Routen (Reiselinien) entlang Sichtachsen zu Aktivitäten als Ziel.

Durch

- Gateways zu bestimmten Bereichen/Gegenden/Quartieren/Gebieten
- Orientierungspunkte wie Wahrzeichen, markante stadtbildprägende Gebäude etc.
- Eindeutigkeit des Gestaltungsdesigns

7.3.3 Charakter/Identität

Unverwechselbare Stadtlandschaften, die die Bedeutung eines Ortes für Geschichte, Tradition, kulturelle Kontinuität und moderne Aufgeschlossenheit widerspiegeln sowie verstärken, lösen ein Zugehörigkeits-/Zuhausegefühl und damit auch Verantwortungsbewusstsein aus.

Durch lokal oder regional einzigartige Gestaltung öffentlicher Räume, die in ihrer Gesamtheit den Charakter ganzer Stadtviertel prägen:

- markante historische, aber auch moderne Gebäude (z. B. Elbphilharmonie, Hamburg)
- Straßenmuster (New York)
- besondere Plätze (z. B. Hamburg-Ottensen)
- Ensembles mit besonderem Charakter
- Skylines und Dachlandschaften
- integrierte lokale öffentliche Kunst/Kunstwerke und Kunsthandwerk
- einheitlich gestaltete Beleuchtung und Stadtmöbel
- attraktive und robuste Bepflanzung

- Pflasterung wie etwa durch die einzigartige Gestaltung der Berliner Fußwege
- Handwerk, Bautechniken und Detaillierung der verschiedenen Gebäudekomponenten
- Baustoffe: Textur, Farbe, Muster (Ziegel, Sandstein)

8 Gebietsbezogene Handlungsfelder

Alle Aspekte der klimagerechten und nachhaltigen Stadt wirken auf die räumlich-geografischen Gebietseinheiten:

- Gesamtstadt – großmaßstäbliche Ebene
- Viertel/Quartiere – mittelmaßstäbliche Ebene
- Zentren
- Grundstücke und Gebäude – kleinmaßstäbliche Ebene

Diese Stadtbereiche mit ihren ortsspezifischen Eigenschaften werden beeinflusst durch:

- Faktoren der urbanen Struktur wie Dichte, Funktions- und Nutzungsmischung sowie Stadtgestaltung (→ 7. Stadtstrukturelle Handlungsfelder)
- sachspezifische Aspekte wie Energie, Mobilität etc. (→ 9. Thematische Handlungsfeldern)

→ Abbildung 1: Interaktion der Handlungsfelder im Transformationsprozess (Teil 3)

Die Strategien für die gebietsbezogene Handlungsfelder werden abgeleitet

- aus den → Zielen (3.1) des jeweiligen → Transformationsrahmens (5.3.1) der Stadt und
- unter Berücksichtigung allgemeingültiger, alle Aspekte betreffender → Prinzipien (3.2) weiterentwickelt
- je nach Funktionen und Potenzialen des Gebietes mittels des → strategischen Netzwerks (5.3)

sowie kontinuierlich optimiert durch die → Urbane Klima- und Nachhaltigkeitsprüfung (5.8).

→ 2.3 Überblick: Funktionsweise des Transformationsprozesses

8.1
Gesamtstadt

Betrachtung der gesamten Stadt – großmaßstäbliche Ebene
- ▸ innerhalb ihres regionalen Metropolraums
- ▸ mit ihren räumlichen und funktionellen Bestandteilen
- ▸ mit ihren Beziehungen zum Umland inklusive Grenzaspekten
- ▸ mit ihrer zentralörtlichen Versorgungsfunktion als wirtschaftlicher, sozialer und kultureller Ankerpunkt

Strategie:
→ Transformationsrahmen (5.3.1) als Orientierungsfahrplan für die ganze Stadt

8.2
Viertel/Quartiere

Mittelmaßstäbliche Ebene – Stadtviertel bzw. Quartiere:
Sie sind das räumliche Bindeglied zwischen der gesamten Metropole und dem einzelnen individuellen Grundstück. Es sind überschaubare Gebiete, die sich sowohl räumlich geografisch als auch von der sozialökonomischen oder ethnischen Struktur her von anderen Stadtvierteln/Quartieren abgrenzen.

Ein Stadtviertel/Quartier birgt größtes Konfliktpotenzial auch aufgrund:
- ▸ unterschiedlicher Verwaltungskompetenzen
- ▸ von Interessenkonflikten zwischen der urbanen öffentlichen Gesellschaft (mit z. B. gemeinnützigen Infrastrukturbedürfnissen wie Parks etc.) und dem privaten Eigentum des Grundstücks (z. B. wirtschaftlichen Investitionen)
- ▸ der lokalen Bedeutung als soziales Bezugssystem
- ▸ der historischen Nutzung wie etwa bei ehemaligen Industriestandorten (Kohle, Häfen etc.).

Eine offizielle Grenzziehung existiert dabei meist nicht: Durch seine Bewohner definiert kann ein Viertel/Quartier unabhängig vom Gebiet eines Stadtbezirks oder Stadtteils sein. Da für Letztere als Verwaltungseinheiten Informationen vorliegen, ist es aus praktischen Gründen, etwa zum Vergleich, sinnvoll, diese auch für andere Zwecke, z. B. Partizipation, zu nutzen. → Prinzip Dringlichkeit – Funktionierendes bleibt (3.2.3)

8.2.1 Strategien

Ihnen kommt auf dieser Ebene wegen des Konfliktpotenzials eine besondere Bedeutung zu:
Als integrierter Baustein des übergeordneten Transformationsrahmens für die gesamte Stadt bilden sie für das jeweilige Viertel/Quartier eine individuelle Strategie für eine entsprechende Verbesserung der jeweiligen Situation im Sinne der kontinuierlichen Weiterentwicklung zur klimagerechten und nachhaltigen Stadt.

Erstellung:

- Abgeleitet aus den Zielen speziell für dieses Gebiet
- Zusammengestellt aus den relevanten → thematischen Handlungsfeldern (9) wie Mobilität, Energie etc.
- Aufbauend auf den lokalen Eigenschaften und Potenzialen

Unter Einbeziehung von:

- Vermeidung von THG und fossilen Ressourcen, z. B. bei der Energie/Wärmeversorgung
- Risiko, Gefährdung und Vulnerabilitäten durch Auswirkung des Klimawandels
- geografischen Raumstrukturen (Lage, Standort, Topografie, Mikroklima)
- Nutzungs- und Funktionsmischung, Bebauungstypologien
- sozialen Strukturen

→ 5.3.2 Suburbane Pläne und Programme (unter 5.3 Strategisches Netzwerk)

Das BauGB bietet folgende Instrumente mit räumlich abgegrenzter Wirkung. Mit der Weiterentwicklung zum Urbanen GesetzesOrdner würden weitere hinzukommen, die die → Vorteile von Instrumenten mit räumlich abgegrenzter Wirkung (8.2.2) mit dem identifizierten → Änderungsbedarf (8.2.3) vereinen werden:

Sanierungsgebiete
Angewendet bei komplexen Missständen (bauliche Substanz und Funktionsstörungen) mit weitreichenden rechtlichen und finanziellen Auswirkungen.

Entwicklungsgebiete
Erstmalige Entwicklung oder Neuordnung entsprechend ihrer besonderen – auch strategischen – Bedeutung, sodass ein funktionsfähiger Bereich entsteht, z. B. zur Wiedernutzung brachliegender Flächen.

Stadtumbaugebiete
Bei erheblichen Funktionsverlusten durch wirtschaftlichen und demografischen Strukturwandel. Gerade in Gebieten, die auf Energiegewinnung mit fossilen Brennstoffen fokussiert waren (alte Reviere), wird hiermit die Transformation unterstützt durch:

- Neu-/Umnutzung nicht mehr bedarfsgerechter baulicher Anlagen
- Rückbau von anderen Nutzungen nicht zuführbaren baulichen Anlagen
- Nutzung von brachliegenden oder freigelegten Flächen für eine nachhaltigere, Klimabelangen dienenden Entwicklung oder eine mit dieser verträglichen Zwischennutzung.

→ 7.2 Nutzungs- und Funktionsmischung (unter 7. Stadtstrukturelle Handlungsfelder).

Gebiete der sozialen Stadt
Zur Behebung sozialer Missstände und zur Stabilisierung und Aufwertung von wirtschaftlich und sozial benachteiligten Gebieten. Investitionen in Gebäude, Wohnumfeld und Infrastruktur werden durch Maßnahmen in den Bereichen Ausbildung, Jugendbetreuung und Integration flankiert.

8.2.2 Vorteile von Instrumenten mit räumlich abgegrenzter Wirkung

Die Anwendung ist dann sinnvoll, wenn räumlich wirkende Faktoren vorherrschend sind, die prägend für das betreffende Gebiet sind – z. B. in Zentren, Plattenbauvierteln oder bei der Wiedernutzung großer Areale der ehemaligen Schwerindustrie wie etwa Kohlereviere.
Im Gegensatz zu Einzelmaßnahmen haben flächendeckende Maßnahmen durch Umsetzung in großer Zahl generell gute Realisierungsmöglichkei-

ten und Vorteile in Bezug auf Zeit, Kosten- und Entlastungsaspekte für die Umwelt (Wasser, Boden, Luft).

Ein formeller Gebietsbezug löst zudem Prozesse mit finanziellen, rechtlichen, prozeduralen (also beschleunigenden!) sowie sozialen Implikationen aus und schafft somit Planungs- bzw. Rechtssicherheit → Prinzip GeRECHT (3.2.8):

- Handlungspflicht der Gemeinde, wenn die Voraussetzungen für die Anwendung erfüllt sind
- öffentliches Interesse, d. h., die Belange des Gemeinwohls werden über die Individualinteressen gestellt
- Regelung der Zuständigkeiten und Verantwortlichkeiten bei Partnerschaften und Kooperationen von lokalen Akteuren sowie der Beteiligungsstrukturen
- Sicherung der Ziele durch Genehmigungspflicht und ergänzende bodenrechtliche Instrumente wie etwa Veränderungs- und Verfügungssperren
- Zugang zu Förderinstrumenten (z. B. Städtebauförderprogramme)
- Mittelbereitstellung für den Einsatz und die Einrichtung von Maßnahmenträgern, Koordinierungsstellen, Quartiersmanagement.

8.2.3 Änderungsbedarf

Eine Evaluation der Effektivität der BauGB-Instrumente mit räumlich abgegrenzter Wirkung als Grundlage für eventuelle Änderung sollte nach dem Prinzip → Dringlichkeit – Funktionierendes bleibt (3.2.3) stattfinden.

Der Fokus für Änderungen sollte auf Aspekten liegen, die bisher als → Achtung! Barrieren (6) einen negativen Effekt hatten:

- Einzelmaßnahmen sollten, gemäß den Zielen der entsprechenden sektoralen Handlungsfelder, auch isoliert behandelt werden können, z. B. über projektbezogene Erneuerungsprogramme und nicht mehr zwingend nur als Bestandteile einer räumlich abgegrenzten Gesamtkonzeption.
- Der administrative Prozess vom Antrag für die Gebiete bis zur Realisierung muss schneller und einfacher werden, ohne Rechtssicherheit einzubüßen.
- Realistischere Anwendungsvoraussetzungen als die bisherigen:
  - *Finanzmittel stehen zur Verfügung*

    Genaue Kosten und Möglichkeiten der Finanzierung ergeben sich meist erst später. Anstatt nun mit der gesamten Gebietsmaßnahme zu warten, wäre eine gestaffelte Verwirklichung mittels einer koordinierenden Strategie – wenn Gelder (auch kurzfristig) zur Verfügung stehen – effektiver.

- ▷ *Die Bevölkerung ist zur Mitwirkung bereit*
  Oft werden Betroffene erst während des Prozesses, wenn schon erste Erfolge sichtbar sind, überzeugt und zur Mitwirkung animiert.
- ▷ *Die konkrete örtliche Situation lässt eine erfolgreiche Erneuerung innerhalb eines bestimmten Zeitraumes zu*
  Dies ist schlicht unrealistisch: Nicht alle Verzögerungen können eingeplant werden.
- ▷ *Gewährung der Mittel als Darlehen oder Zuschuss*
  Die endgültige Bestimmung darüber, ob und in welchem Umfang eine Finanzierung gewährt wird, erfolgt erst bei der Abrechnung der Gesamtmaßnahme nach deren Abschluss. Das bringt finanzielle Verunsicherung mit sich.

In Verbindung mit
- ► 4.2 Urbaner GesetzesOrdner (unter 4. Legal und legitim)

unter 5. Prozedur:
- ► 5.9 Finanzierung
- ► 5.4 Realisierung
- ► 5.3 Strategisches Netzwerk

8.2.4 Exkurs: Ehemalige Industriestandorte – Kohle-, Stahl- und Hafenquartiere

In solchen redundant gewordenen, oft brachliegenden, eher bodenständigen Gebieten begann ein schleichender Verfallskreislauf: Substanzmängel als Folge der funktionalen Schwäche, die wiederum den Funktions- und Attraktivitätsverlust beschleunigen, etwa mit und durch

- ► Leerstand
- ► Nutzungsbrachen
- ► Kümmernutzung (Nutzungen mit geringem wirtschaftlichen Ertrag, die sich an Standorten ansiedeln, an denen keine Konkurrenz durch hochwertige Nutzungen besteht)

- unterlassene Instandhaltung, Vernachlässigung durch die Eigentümer
- soziale Gemengelagen
- mangelnde Qualität des Wohnumfeldes.

Die Wiedernutzung dieser meist innerstädtischen Areale ist aufgrund des enormen Flächenpotenzials allerdings auch eine einzigartige Chance für die Entstehung ganzer neuer Stadtteile/Quartiere.
Die Umstrukturierung birgt allerdings schwer zu kalkulierende Risiken durch z. T. toxische Altlasten, die nicht oder nur sehr schwer abbaubar sind, was wiederum Investitionen hemmt. Diese Mammutaufgabe, die in den 1960ern im Ruhrgebiet viele Gemeinden grenzübergreifend betraf, war der Auslöser der heutigen Regionalplanung.

8.3 Lebendige Zentren

Ziel sind vitale und attraktive Innenstadtzentren und Stadtteil- bzw. Quartierskerne.

8.3.1 Funktionen

- Mittelpunkt (Herz) der Communitys
- Konsum/Versorgung mit Gütern, öffentlichen und privaten Dienstleistungen
- Kultur und Freizeit
- Identität

Nahversorgung

Darunter wird allgemein die orts- und zeitnahe Versorgung mit Gütern und Dienstleistungen des täglichen Bedarfs verstanden. Sie umfasst damit alle Aspekte, welche der Bevölkerung die gleichberechtigte Teilhabe am wirtschaftlichen, sozialen und kulturellen Leben in leicht überwindbarer Entfernung vom Wohnort ermöglichen sollen.

Nutzungs- und Funktionsmischung

Sie wird in den Zentren der Stadtgebiete umfassender sein als die momentane Ansammlung von Discountern, Supermärkten und Drogerien am Rande immenser Parkplatzflächen (so beispielsweise in Hamburgs »Neue Mitte Altona« und dem »Gaswerkquartier«), um dann auch als »Mitte« angenommen zu werden.

In bestehenden Quartierszentren sind Qualität und Quantität der Nutzungen, wie z. B. Leerstand und Häufung minderwertiger Nutzungen etc., frühe Warnzeichen für Verfall.

8.3.2 Strategien und Maßnahmen

Erstellung von Zentrenstrategien je nach

- Funktion innerhalb der urbanen Struktur
- Definitionen und Zielen des Transformationsrahmens der jeweiligen Stadt
- Identität des jeweiligen Zentrums

Mechanismen

zur Entwicklung, Stärkung und Steigerung der Vitalität sowie zum Schutz zur Erhaltung der Zentrenfunktion, -nutzung und -gestalt:

- Kategorisierung der Zentrenbereiche nach dem System der zentralen Orte für die gesamte Metropole mit entsprechenden Schwellenwerten für
  - Erreichbarkeit: z. B. zehn Gehminuten oder 500 bis 1000 Meter als Zielwert für die Nahversorgung
  - Nutzungshierarchie: vom alltäglichen Bedarf der Nahversorgung in den Quartieren bis hin zu speziellerem Angebot im Stadtzentrum
- Funktionsmischung innerhalb der Zentren durch Förderung der gewünschten und Begrenzung ungeeigneter Nutzungen:
  - vertikal: aktive Nutzung im Erdgeschoss mit Dienstleistungen, entsprechende Gewerbe darüber und in den oberen Etagen eventuell Wohnen
  - horizontal: nicht mehr als zwei Nutzungen ohne aktive Fassade (Verbindung und Bezug zum öffentlichen Raum, z. B. durch einladende Eingänge) nebeneinander
  - Begrenzung von Ansammlungen minderwertiger Nutzungen wie Spielhallen, Wettbüros, Billigläden, Fast-Food-Lokale etc.

    - absolute Vermeidung von Leerstand, z. B. durch
        - Zwischennutzungen durch Start-ups, Pop-up-Läden etc.
        - Verwendung der Schaufenster für Kunst, Ausstellungen etc.
        - Cafés, Restaurants
- Aufwertung durch → Stadtgestaltung (7.3) wie
    - Plätze zum Verweilen, konsumfreie Treffpunkte etc. und
    - Stadtmöbel im selben Design (Identität)
- Förderung von Anlässen, um die Innenstadt zu besuchen

Grundlagen sind:

- ein Kataster über bestehende Nutzungen und Leerstand für
    - potenzielle Investoren
    - zielgerichtete öffentliche Subventionen als Initialzündung
    - als Grundlage für Anträge von Fördergeldern
- regelmäßige Treffen der Gewerbetreibenden
- Innenstadtmanager/-managerinnen zur Koordination und als Kontaktstelle.

In Verbindung mit

→ Bestimmung der Indikatoren (5.8.1 unter 5.8 Klima- und Nachhaltigkeitsprüfung)
→ 5.9 Finanzierung und → 5.5 Kooperation (unter 5. Prozedur)
→ 9.7 Livability und → 9.6 Ökonomische Vitalität (unter Thematische Handlungsfelder)
→ 7. Stadtstrukturelle Handlungsfelder

8.4 Grundstücke und Gebäude

Kleinmaßstäbliche Ebene:
Das ist der unmittelbarste Bereich der klimagerechten und nachhaltigen Stadtentwicklung, da hier die eindeutigsten Eigentums-, Nutzungs- und Verantwortungsbeziehungen bestehen, auch in finanzieller Hinsicht.

Ziel:
Angestrebt werden langlebige, wiedernutzbare, intelligente und hochleistungsfähige smarte Gebäude und Grundstücke sowie deren Einbindung in

Quartierskonzepte zur Synergie der kollektiven und kumulativen Auswirkungen.
Da Gebäude etwa ein Drittel des Energie- und Ressourcenverbrauchs sowie der CO_2-Emissionen[34] ausmachen, besteht auf dieser Ebene ein großes Potenzial für Nutzer, durch »Retrofitting« während der sowieso durchzuführenden Instandhaltungen einen Beitrag zum Transformationsprozess zu leisten.

Gebäudebezogene Klima- und Nachhaltigkeitsaspekte:

- ▸ Gebäudestrukturen und Bautechniken
- ▸ Ressourcen bei der Energieträgerwahl und bei den Baumaterialien
- ▸ solarenergetische Optimierung
- ▸ Wärmeschutz und Dämmung, thermaler Komfort und Belüftung
- ▸ Wasserversorgung und -entsorgung
- ▸ Versorgungssysteme und Funktionsabläufe
- ▸ Gesundheit und Wohlergehen, z. B. Schallschutz, Raumklima
- ▸ Widerstandsfähigkeit/Resilienz zur Anpassung an veränderte klimatische Bedingungen, aber auch als Katastrophenschutz bei Extremwetterereignissen (z. B. Standfestigkeit von Gebäuden)

<u>In Verbindung mit</u>

→ 7.3 Stadtgestaltung (unter 7. Stadtstrukturelle Handlungsfelder)

→ 9. Thematische Handlungsfelder:
  → 9.4 Makro- und Mikroklima (»Urban Cooling«, Verschattung, Wind etc.)
  → 9.2 Energie
  → 9.6 Wasser, da Kreisläufe oft mehr als ein Grundstück betreffen

→ Gestaltungsmöglichkeiten im Festsetzungskatalog des BauGB (unter 4. Legal und legitim)

→ 5.5.2 Durchsetzung von Verantwortlichkeiten (unter 5. Prozedur)

8.4.1 Materialien

Zu verwenden sind Materialien aus recycelten oder erneuerbaren schadstofffreien Baustoffen und Bauprodukten lokalen Ursprungs (zirkuläres Bauen).

Beton

ist als Material für urbane Strukturen haltbar, vielseitig verwendbar und günstig, seine Bestandteile sind leicht verfügbar. Allerdings ist die dazu notwendige Produktion von Zement und von Stahl so extrem energiereich, dass seine Verwendung nur akzeptabel ist, wenn bei der Herstellung THG-freie, regenerative Energiequellen verwendet werden. Weiter besteht die Möglichkeit, Betonkonstruktionen mit Klimafunktionen zu versehen: etwa THG-absorbierend, also als urbane Senke oder zur Energieerzeugung, z. B. mit integrierten Solarpaneelen.
Daneben sollten vorrangig natürliche Baustoffe, die ohnehin als Abfallprodukt entstehen, verwendet werden, beispielsweise:

Stroh

Zur Dämmung und als lasttragendes Material bietet Stroh ein angenehmes Raumklima mit gutem Schallschutz und erfüllt Brandschutzbestimmungen. Strohballenhäuser, verputzt mit einer fünf Zentimeter dicken Lehmschicht, erreichen die Brandschutzklasse F90 und sind somit feuerbeständig.[35]

Holz und Bambus etc.

Ein Beispiel aus England: Die Holzrahmengebäude der englischen Tudor-Ära sind energieeffizienter als viele unserer neueren Wohnungen.

8.4.2 Solarenergetische Optimierung

Aktive und passive Solarenergienutzung:

Bestimmungsfaktoren[36]

- Orientierung
- Konfiguration
- Kompaktheit
- Dachform/-neigung
- Wärmeschutz, thermaler Komfort und Belüftung

mit Beispielindikatoren für die → 5.8 Klima und Nachhaltigkeitsprüfung

8.4.2.1 Orientierung

Grundlage ist eine effektive Ausrichtung der Gebäude zur

- Optimierung natürlicher passiver Sonneneinstrahlung für Energie und Belichtung sowie zur
- Vermeidung von Beschattungen und somit Reduzierung der Energie zum Heizen.

Ideal ist eine Ost-West-Ausrichtung der Gebäude.

Südrichtung für

- Haupt-/Solarfassade
- größere Fenster
- tagsüber genutzte Bereiche
- Sonnenkollektoren

Richtung Norden für

- kleinere und weniger Fenster

8.4.2.2 Konfiguration

Verschattung ist beim Grundstückslayout möglichst zu vermeiden durch:

- schattenfreie Anordnung der Gebäude mit dreigeschossiger Bauweise in Ost-West-Richtung
- höhere Gebäude auf der Nordseite eines Geländes
- Gebäude auf der Südseite bei Hanglage.

→ Achtung, Barrieren! (6) – potenzieller Zielkonflikt (6.2): Schatten ist bei Hitze zum Abkühlen notwendig.

Schatten-/Sonnenlicht-Studien veranschaulichen deren Auswirkungen auf die Umgebung.

8.4.2.3 Kompaktheit

Der Heizwärmebedarf eines Gebäudes wird wesentlich durch seine Kompaktheit bestimmt.
Je kleiner das Verhältnis der wärmeabgebenden Oberfläche zum beheizten Volumen ist, desto geringer ist der spezifische Energiebedarf pro Kubikmeter beheiztem Raum bei sonst gleichen Bedingungen, d. h., es geht bei identischer Wärmedämmung weniger Wärme nach außen verloren.[37]

Oberflächen-zu-Volumen-Verhältnisse nach Gebäudetypen[38]

freistehende Einfamilienhäuser:	0,7 bis über 1,0
Doppelhäuser:	0,6 bis 0,9
Reihenhäuser:	0,4 bis 0,6
Mehrfamilienhäuser:	0,3 bis 0,5

Kompakte, mehrgeschossige Baukörper sind somit vorteilhafter.

→ 7.1 Urbane Dichte (unter 7. Stadtstrukturelle Handlungsfelder)

8.4.2.4 Dachform und -neigung

Eine Fotovoltaikanlage erbringt natürlich den besten Ertrag, wenn die Sonnenstrahlen senkrecht auftreffen. In Deutschland geht man von einer optimalen Dachneigung von 30 bis 35 Grad[39] aus. Allerdings liegt der für die Dachbegrünung günstigere Winkel bei unter 30 Grad.

→ Achtung, Barrieren! (6) – Potenzieller Zielkonflikt (6.2)

8.4.3 Wärmeschutz, thermaler Komfort und Belüftung

Ideal sind Gebäude, die im Winter warm und im Sommer kühl bleiben. **Vorrang** ist dem passiven Wärmeschutz zu geben – mit natürlicher Ventilation, ohne separates Heiz- bzw. Klimatisierungssystem durch innovative Baustandards **vor** der Anlage neuer oder dem Anschluss an bestehende Energieversorgungseinrichtungen, z. B. solarthermische Heizgeräte. Dämmung bzw. Isolierung zur Verringerung des Raumwärmebedarfs und zur Vermeidung von internen Energieverlusten und sowie der Überhitzung des Gebäudes. Würden britische Häuser nach norwegischen Standards gebaut, wäre keine Heizung erforderlich.

Faktoren:

- luft- und winddichte Gebäudehülle
- Wärmebrückenvermeidung
- U-Wert: Wärmeleitfähigkeit
- Dämmmaterial für außen: jedes (als empfehlenswert gilt Kalksandstein)
- Gebäudegestaltung:
  - Räume mit hoher Abwärme (Küche/Bad) in die Mitte des Gebäudes
  - Wärmepuffer/Pufferzonen an Außenseite, z. B. Wintergarten
  - Atrium, auch für Belichtung

Mögliche Indikatoren für die Klima- und Nachhaltigkeitsprüfung

Außenwände/Außenbauteile

- mehr als 50 mm Innenwandisolierung oder
- mehr als 50 mm Außenwandisolierung
- Hohlraumwand mit mehr als 9 mm

Dachflächen

- mehr als 150 mm Dachisolierung

Böden

- mindestens 50 mm Isolierung unter dem Erdgeschoss

Erdgeschoss

- Sohlplatte, Kellerdecke

Fenster

- Gesamtwärmedurchgang

Verglasung

- Doppelverglasung aus Glas mit niedrigem Emissionsgrad und mit Argon gefüllt
- Dreifachverglasung
- Fenster/Türen mit temporärem Wärmeschutz: Rollläden und Klappläden

Leitungen

- vorisolierte Warmwasserleitungen, Ventile und Sperrhähne
- Sensoren zur Messung hoher Temperaturen auf Außenflächen der Rohrleitung

Belüftung

Maßnahmen für Wärmeschutz und Belüftung müssen zueinanderpassen und abgestimmt sein, um Folgeprobleme wie Schimmelbildung zu vermeiden..

- bedarfsorientierte Belüftung aus Komfort-, Hygiene- und Energieeffizienzgründen
- mit entsprechender Lüftung, z. B. Anlagen mit Wärme- und Feuchtigkeitsrückgewinnung

Heizungen

Folgende Aspekte sind von entscheidender Bedeutung:

- Heizmaterial (nachhaltige Ressourcen)
- Lage der Heizung und Art der Systeme
- zuerst bestehende Heizung warten (→ 9.2 Energie)
- Fußbodenheizungen sind am effizientesten.
- Heizkörper an der Innenwand und nicht, wie üblich, unter den Fenstern.

8.4.4 Wasserversorgung und -entsorgung

Ideal sind Gebäude mit Kreislaufsystemen, die Möglichkeiten der Wasserversorgung, Abwasseraufbereitung und Wiederverwendung integrieren

mit folgenden Eckpunkten:

- Trinkwasser nur zum Verzehr
- Nutzung von Betriebswasser (Regen, Grauwasser) als Brauchwasser, z. B. für
  - Geschirrspülen, Waschmaschine etc.
  - Toilettenspülung
  - Teiche, Gärten, Pflanzenbewässerung
  - Reinigung

durch:

- Regenwassernutzungsanlagen, z. B. Zisterne etc.
- Leitungssysteme, die die Mehrfachverwendung von Wasser ermöglichen
- Sicherung des Rohrsystems gegen Brüche und undichte Stellen
- wassereffiziente Geräte
- mechanische Drosselelemente
  - Toilettenspülungen mit Mengenautomatik
  - Durchflussbegrenzer für Duschen und Wasserhähne
  - Wassersparrarmaturen (relativ günstig, sie bieten 30 % Wassereinsparung)
- Abrechnung nach Verbrauch, nicht nach Quadratmetern, durch intelligente Zähler (»Smart Metering«)
- Einbindung von mehreren Grundstücken, u. a. als Teil eines Quartierkonzeptes, z. B. für die Entsorgung des u. U. anfallenden Restwassers durch
  - mechanische biologische Reinigung des Altwassers (und Rückführung als Grauwasser in den Kreislauf)
  - Trennkanalisation für Abwasser/Regenwasser mit nachgeschaltetem Versickerungsbecken.

8.4.5 Energieeffizienzstandard

Der Energiestandard eines Gebäudes legt fest, wie hoch der Energiebedarf pro Quadratmeter Energiebezugsfläche und Jahr sein darf. Energiesparrechtliche Regelwerke für Gebäude werden kontinuierlich erneuert und sollten integraler Bestandteil des → urbanen GesetzesOrdners (4.2) werden.
Ideal sind Gebäude, die während ihrer Lebenszeit mehr Energie erzeugen als verbrauchen. So ein Pluseffizienzstandard sollte als Mindestanforderung auch für den Bestand gelten – schrittweise umgesetzt durch »Retrofitting«, wenn Umrüstungen aufgrund von Reparaturen sowieso anstehen.

Beispiel Bestand:
Etwa drei Viertel der Gebäude in Oldenburg sind älter als 40 Jahre und verbrauchen 20-mal so viel wie ein Passivhaus. Bei der typischen Oldenburger »Hundehütte« müsste der Energieverbrauch um drei Viertel gesenkt werden, um der Energieeinsparverordnung zu entsprechen. Potenziell könnte der Energiebedarf bei Altbauten um 80 bis 90 % gesenkt werden.[40]

Beispiel Neubau:
Plus-Energie-Haus im Frankfurter Westhafen: Nicht nur das Dach, auch die Fassade ist mit Solarzellen überzogen, die so viel Strom erzeugen, dass damit sogar Elektroroller und -autos im Haus aufgeladen werden können. Nebenbei dienen die »Carsharing«-Fahrzeuge als Zwischenspeicher für überschüssige Energie, die das Gebäude produziert. Eine große Batterie im Keller speichert den Sonnenstrom. Eine Wärmepumpe gewinnt die Wärme aus dem Abwasserkanal zurück und macht sie für Heizung und Warmwasser nutzbar. Per Haustechnik wird kontrolliert, was energetisch in dem Aktivbau geschieht. Bewohner können genau nachverfolgen, wann wie viel Strom verbraucht wird (mit Verbrauchsranking).[41]

9 Thematische Handlungsfelder

Kategorisierung aller sachspezifischen Aspekte der klimagerechten und nachhaltigen Stadt in folgende interaktive Handlungsfelder:

- Mobilität und Erreichbarkeit
- Energie: Versorgung aus nachhaltigen Quellen
- Flächen: kluges Management – entsiegelt und effizient genutzt
- Makro- und Mikroklima: stadtklimatische Effekte
- Biodiversität: urbanes Grün – lebendige Klimadienstleister
- Wasser: lokale Versorgung, effektive Nutzung und Schutz
- Livability: urbane (Er-)Lebensqualität
- Ökonomische Vitalität: nachhaltiges Wirtschaften mit fairen Beschäftigungspotenzialen
- Abfall: als Folge des Konsums – urbaner Ressourcenkreislauf

Die thematischen Handlungsfelder werden aus den → Zielen (3.1) des jeweiligen → Transformationsrahmens (5.3.1) der Stadt abgeleitet, unter Berücksichtigung allgemeingültiger → Prinzipien (3.2), und wirken zusammen mit den

- Faktoren der urbanen Struktur wie Dichte, Funktions- und Nutzungsmischung sowie Stadtgestaltung (→ 7. Stadtstrukturelle Handlungsfelder)
- auf die verschiedenen räumlich-geografischen Gebietseinheiten der Stadt, also Stadtviertel/Quartiere und Grundstücke/Gebäude (→ 8. Gebietsbezogene Handlungsfelder).

→ Abbildung 1: Interaktion der Handlungsfelder im Transformationsprozess (Teil 3) und

→ 2.3 Überblick: Funktionsweise des Transformationsprozesses

Für alle thematischen Handlungsfelder wird erläutert, wie sie zur klimagerechten, nachhaltigen Stadt beitragen durch ihre

- Ideale und Ziele
- Aspekte/Hauptaufgaben
- Maßnahmen.

Strategien der Handlungsfelder
Sie sind integriert in den → Transformationsrahmen (5.3.1) für die Gesamtstadt als Grundlage für abgestimmte → suburbane Pläne und Programme und Verwirklichungskonzepte (5.3.2) des → strategischen Netzwerks (5.3).
Die Handlungsfelder werden kontinuierlich optimiert durch die → Klima- und Nachhaltigkeitsprüfung (5.8).

9.1 Mobilität und Erreichbarkeit

Die Verkehrsmittel, mit denen wir die steigende Mobilität bewältigen, werden sich in Anbetracht endlicher fossiler Brennstoffe, des Klimawandels und der begrenzten urbanen Flächen ändern (müssen).

9.1.1 Ideal

Mobilität mittels eines »Modal Split« aus allen Formen der Fortbewegung, und zwar:

- individual, öffentlich, privatwirtschaftlich
- sowohl nichtmotorisiert als auch Fahrzeuge mit emissionsfreien Antrieben aus erneuerbaren Energiequellen
- mit Vorrang des Langsameren vor dem Schnelleren
- flächeneffizient

durch

- »Sharing« von Verkehrsmitteln
- Mobilitätspunkte für das mühelose Wechseln zwischen allen Verkehrsmitteln, sodass sämtliche gewünschten Ziele schnell, günstig und bequem erreichbar sind

9.1.2 Strategie – Mobilitätskonzept

Hauptaufgabe: Wie kann die Mobilitätswende zu klimagerechten und nachhaltigen Transportformen erreicht werden?
Zum Wechsel wird animiert, wenn die Nutzung von klimagerechten und nachhaltigen Transportformen als vorteilhafter wahrgenommen wird. Vorteilhafter bedeutet, schneller und/oder billiger das Ziel zu erreichen.

Das Mobilitätskonzept besteht dementsprechend aus drei Hauptkomponenten, die

einerseits
die Nutzung von nachhaltigen Transportformen attraktiver, also günstiger und/oder schneller erscheinen lassen, z. B. durch Vorranginfrastruktur etc., und

andererseits
konventionelle Pkws unattraktiver, d. h. teurer und langsamer, erscheinen lassen, z. B. durch

- Gebühren,
- Tempolimits,
- Rück- und Umbau überdimensionierter Fahrbahnen sowie
- Einsatz von Barrieren

und so zum Wechsel animieren.

Parallel kommen hinzu im dritten Teil des Mobilitätskonzepts

- Maßnahmen für die positive Nutzung des frei gewordenen und neu gewonnenen Raums für andere urbane Zwecke, z. B. für das Gemeinwesen, als sicht- und erlebbare Vorteile der Flächeneffizienz nachhaltiger Mobilität sowie
- Konzepte für die Kommunikation weiterer Vorteile wie etwa Gesundheit und volkswirtschaftliche Chancen.

Das Mobilitätskonzept

- ist integrierter Baustein des stadtweiten Transformationsrahmens, da Mobilität für die Erreichbarkeit von Zielen direkt mit der urbanen Struktur der kurzen Wege (Dichte), Nutzungs- und Funktionsmischung sowie der Stadtgestaltung zusammenhängt (→ 7. Stadtstrukturelle Handlungsfelder
- ist als ein effektiver Handlungsrahmen für alle Verkehrsformen mit einem Katalog der Einzelmaßnahmen und Ressourcen (Zeit, Finanzen) so koordiniert, dass sie jederzeit stattfinden können. → 5.3 Strategisches Netzwerk

→ Achtung, Barrieren! (6): Konkurrierende Einzelmaßnahmen, z. B. gemeinsame Fahrstreifen für Bus und Fahrrad mit festen Rändern ohne Ausweichmöglichkeit sind kontraproduktiv.

Bei den Maßnahmen des Mobilitätskonzepts sind der Fantasie keine Grenzen gesetzt, sie können je nach lokalen Gegebenheiten angepasst und erweitert werden.

9.1.2.1 Attraktivere nachhaltige Transportformen

Umzusetzen sind Maßnahmen, die dazu führen, dass ein gewünschtes Ziel durch z. B. Zufußgehen, Radfahren sowie ÖPNV schneller und günstiger erreicht wird, was zum Umstieg auf diese Fortbewegungsmethoden animiert.

Tabelle 8: *Maßnahmen für* **attraktivere** *nachhaltige Transportformen*

Förderung	Umsetzung

Zufußgehen	Qualität (Verbesserung) und Quantität (Ausbau) der Vorranginfrastruktur für »Walkability«.
	Quartiersbezogene Gehwegnetze bewirken, dass das Gehen im Vergleich zu anderen Verkehrsträgern als komfortabler und sicherer und somit einladender wahrgenommen wird.
	Faktoren dabei sind:
	◆ vollständige kontinuierliche und kohärente Konnektivität
	◆ einfachere, verständliche und instruktive Beschilderung
	◆ klarer Schutz, etwa durch höher gelegene Gehwege
	◆ Priorisierung gegenüber schnelleren motorisierten Verkehrsmitteln, z. B. mittels:
	  ◆ automatischer Vorfahrt beim Überqueren innerquartierlicher Verkehrswege
	  ◆ Vermeidung oder Minimierung von Stellen, an denen Fußgänger den Weg von Pkws überqueren müssen, u. a. auch Einfahrten

Radfahren	**Qualität** (Verbesserung) und Quantität (Ausbau) der Vorranginfrastruktur, um das Radfahren zu erleichtern: ◆ alle Quartiersstraßen werden Fahrradstraßen ◆ stressfreie, unkomplizierte Kreuzungen: Knotenpunkte und Grundstückszufahrten sind die wesentlichsten Gefahrenstellen
	Breitere separate Radwege ◆ für ein sicheres Überholen, ein kommunikatives Nebeneinanderfahren und die Nutzung von Lastenfahrrädern und Fahrradanhängern ◆ Zweirichtungsradwege innerorts

Förderung	Umsetzung
Radfahren (Fortsetzung)	**Vernetzung (Verbindungen)** • ein durchgängiges, leistungsfähiges Hauptradwegenetz • Verbindung einzelner Quartiere sowie Pendler-Radschnellstrecken und/oder Radvorrangrouten als städtische Hauptachsen
	Nutzung • vereinfachter Zugang zu »Bikesharing«-Konzepten bzw. -Plattformen • Fahrradbusse für Schulkinder • Aufklärung: Fast die Hälfte aller Autofahrten ist so kurz wie eine typische Stadtradstrecke, also 5 km
	Lastenfahrrad • vom Geschäft gestellt • für Kleinbetriebe: Lastenfahrräder für Firmen • Bringdienste für Supermärkte • Gütertransport innerhalb begrenzter Gebiete (z. B. Häfen), autonomes Lastenfahrrad auf Abruf
	Sicherheit • subjektiv wie auch objektiv eine verkehrssichere Führung • Diebstahl: Bereitstellung von Fahrradparkplätzen bei allen urbanen Vorhaben/Nutzungen • tatsächliche Ahndung von Halte- und Parkverstößen auf Radwegen
Zufußgehen/ Radfahren	Anlage von Abkürzungs- und Verbindungswegen, die ausschließlich vom Fahrrad- und Fußverkehr genutzt werden dürfen, für eine verbesserte Erreichbarkeit von Zielen mit dem Fahrrad oder zu Fuß
ÖPNV	• frei/subventioniert – übergangsweise günstigere, attraktivere Preisgestaltung ohne Gewinnorientierung mit Berücksichtigung der weniger rentablen Stadtränder • koordinierte Umsteigemöglichkeit • höhere, gleichmäßigere Taktung, sodass Fahrpläne überflüssig werden • digital koordiniertes Umsteigen • freie Fahrradmitnahme • Zugang und Reichweite erhöhen • überdachte, gut beleuchtete Haltestellen

Förderung	Umsetzung

ÖPNV (Fortsetzung)	**Hierarchie**
	• schienengebundene Verkehre
	• Busse
	• Letzte-Meile-Lösung (in Verbindung mit Mobilitätspunkten):
	  • Shuttleservices
	  • ein ÖPNV-Anschluss sollte in einer fußläufigen Entfernung von max. 400 m erreichbar sein

Pendler/ Dienstmobilität	**Arbeitgeber** • betriebliches Mobilitätsmanagement für Flotte und Pendler • Zusammenstellung eines Pakets von oben genannten Maßnahmen (kostenloser ÖPNV, »Carpooling« und »-sharing« mit E-Wagen, Fahrrad etc.)
Gütertransport	Lastwagen sind für 30 % des Verkehrs-CO_2-Ausstoßes verantwortlich. • schienengebundene, logistische Nutzung der ÖPNV-Trassen zusammen mit Personentransporten • mit emissionsfreien Fahrzeugen (siehe oben) • Internethandel: Lieferung zu Depots an Mobilitätspunkten
Gerechte Verteilung der Verkehrsfläche	**Priorisierung nach** • Nutzungskapazität • Flächeneffizienz • Geschwindigkeit (mit Schnellverkehrskorridoren) • Vulnerabilität wie bei »rechts vor links«
»Ridesharing«	**Effizientere Nutzung der Fahrzeuge durch** • Bündelung von Fahrten • Erhöhung der Beförderungskapazität bzw. Fahrzeugauslastung

	alle erdenklichen Kombinationen des Teilens wie etwa:
	• Mitfahrgelegenheiten privater Fahrzeuge
	• »Carsharing«
	• Anbieter mit Fahrern wie
	  • »Ridehailing«
	  • »Door2door« ist ein sogenanntes Pooling-System – Minibus auf Anfrage

Förderung	Umsetzung
»Ride-sharing« **(Fortsetzung)**	- »Pick-up & Drop-off«: Mit kleinen Umwegen werden die Passagiere (Shuttlekunden) zu ihren Zielen gefahren (wie etwa von MOIA in Hamburg) sowie Verbindungen zwischen diesen, z. B. an Mobilitätspunkten, über Apps oder Mitfahrzentralen
Mobilitäts-punkte	Verbindungs- und Umsteigepunkte (z. B. Rad/ÖPNV/Shuttle) sowie Ladestationen, Treffpunkte für »Ridesharing« etc. - in Quartierszentren - Koordinations- und Bezahlsystem per App - als multifunktionaler Quartiershub mit Logistik und Mobilitätsangeboten
Urbane Struktur	**Kompaktere Quartiere mit Mischnutzungen:** Dies verringert die Entfernung und verbessert so den Zugang. Kürzere Strecken werden eher zu Fuß unternommen. Wie etwa: - Neuaufteilung nach der Philosophie der »Superblocks« des Stadtplaners Cerdà. Ein Superblock besteht aus mehreren Wohnblöcken, um die der konventionelle Autoverkehr außen herumgeführt wird. Innerhalb des Quartiers haben Fußgänger und Radfahrer Vorfahrt. - Erweiterung der Wohn- bzw. Spielstraßen (»home zones«) → 7. Stadtstrukturelle Handlungsfelder
Technische Lösungen/ Innovatio-nen	**Elektromobilität** - für alle Fahrzeuge - Lösungen für flächendeckende Ladestationen **Autonome Shuttles** Beispiele - HafenCity Hamburg: Electric Autonomous Transportation (HEAT): Der Shuttlebus soll Fahrgäste der Hamburger Hochbahn als Teil des öffentlichen Nahverkehrs durch den neuen Stadtteil transportieren. - Berlin: »Emily« – selbstfahrende Elektrokleinbusse auf dem Campus auf virtuellen Schienen (also einfacher als autonomes Fahren), die sich über eine »On-Demand-App« rufen lassen. Dies könnte auch die Mobilität für ältere Menschen verbessern. **Alternative Treibstoffe** z. B. grüner Wasserstoff

9.1.2.2 Unattraktivere Nutzung des konventionellen Pkws

Das sind Maßnahmen, die die Nutzung von konventionellen Pkws unattraktiv, also langsamer und/oder teurer, erscheinen lassen und somit zum Wechsel zu nachhaltigeren Transportformen animieren.

Tabelle 9: *Maßnahmen für* **unattraktivere** *Nutzung des konventionellen Pkws*

Verteuerung	Umsetzung
Gebühren	◆ Parkgebühren ◆ Anti-Stau-Gebühren ◆ Straßennutzungsgebühren (Maut etc.)
Steuern	»Steuerung« von Handlungen in die gewünschte Richtung
→ Achtung, Barrieren!: für Gebühren/Steuern	aufgrund der Finanzierungsabhängigkeit weiterhin Bindung an den konventionellen Pkw
Kraftstoffpreis	→ Prinzip Kostenwahrheit (3.2.12)
Inrechnungstellung aller Folgekosten	Das Auto kostet die Gesellschaft deutlich mehr als den einzelnen Autofahrer, z. B. wegen Infrastruktur, Staus, Feinstaub, Unfällen → Prinzip Kostenwahrheit (3.2 12)
Verlangsamung	Umsetzung
Tempolimits	◆ Tempo 30 stadtweit ◆ langsamer in bestimmten Zonen
Ein-/Durchfahrt sowie Parkrestriktionen	◆ Verkehrsberuhigungen, z. B. Barrieren (Poller etc.) ◆ Umwelt-, Null-Emissionszonen ◆ Fußgängerzonen wie in Oldenburg (erste Fußgängerzone), Madrids Haupteinkaufsstraße »Gran Vía« ◆ Pkw-»arme«-Konzepte, z. B. in Hamburg-Ottensen ◆ Bewohnerparken: übergangsweise Ausnahmen für E-Mobilität sowie (temporär) für Mitarbeiter der kritischen Infrastruktur und Gesundheitsversorgung ◆ Parkplatzhöchstgrenzen bei Bauvorhaben
Verbote	z. B. für Durchfahrten mit emissionsreichen Fahrzeugen
Rück- und Umbau von Verkehrsflächen	Reduzierung des Verkehrsflächenanteils für den motorisierten Individualverkehr: ◆ minimiert Geschwindigkeiten und Volumina ◆ bietet mehr Platz für Infrastrukturen alternativer Verkehrsmittel wie Gehwege, Radwege usw. ◆ auf das für Versorgungsfahrzeuge (Müllabfuhr, Feuerwehr etc.) notwendige Maß

Gelebtes Beispiel: Fahrt zur Innenstadt in Bremen: Mit dem Auto ist sie langsamer (Stau durch Fahrbahneinengungen) und teurer (Benzin, Maut und Parkgebühren), während der ÖPNV oder Fahrräder auf der frei gewordenen Spur überholen. Das überzeugte selbst Vaddern, den begeisterten Autofahrer, tatsächlich die Straßenbahn zu nutzen.

9.1.2.3 Überzeugungskampagne für die Mobilitätswende

Teil des Mobilitätskonzepts sollte auch die Kommunikation der **Vorteile alternativer Verkehrsmittel** sein:
Neben dem Klimaschutz durch TGH-freie Antriebe aus erneuerbaren Energien

- Flächeneffizienz
- neu gewonnener Raum für urbane Nutzungen
- Gesundheit (Luftqualität, Lärmreduzierung und Unfallreduzierung)
- volkswirtschaftliche Vorteile, vor allem unter Einbeziehung der Folgekosten

Aber auch Prestige – es gilt bereits als schick, nachhaltig unterwegs zu sein. Das traditionelle Auto ist immer weniger Statussymbol.

Gerade beim »Ridesharing« ist Überzeugungsarbeit nötig wegen:

- Ungewissheit, eine Fahrt zu finden
- Angst, zu spät zu kommen
- Nähe zu anderen Passagieren.

Dessen Vorteile sind allerdings bekannt:

- geringere Kosten: Bei weniger als 10 000 km pro Jahr ist »Carsharing« günstiger, als ein Auto zu kaufen und zu unterhalten.[42]
- Gerade auf dem Land kann »Carsharing« Lücken im Bus- und Bahnverkehr schließen.

Ein anschauliches Beispiel ist der Vergleich mit dem Einkaufswagen als Synonym für »Carsharing«: Stellen Sie sich vor, wir hätten alle unseren eigenen.[43]

Flächeneffizienz[44]

Der *private Pkw* wird nur 5 % der Zeit bewegt und 95 % der Zeit geparkt – und das 23 Stunden pro Tag möglichst kostenfrei auf 12 Quadratmetern Fläche der Allgemeinheit. Auch benötigen Pkws mit Abstand die größten

Flächen – mehr als die Hälfte des Straßenraumes – und befördern nur ein geschätztes Viertel aller Menschen.

Fuß- und Radverkehr ist am flächeneffizientesten.
Fußgängern stehen etwa 9 % des Straßenraums zur Verfügung, während die Hälfte der gesamten Personenbewegungen auf sie entfällt. Dies deutet darauf hin, dass die Bürgersteige der Stadt signifikant unterschätzt werden. Sie machen oft weniger als ein Viertel des Straßenraums aus, werden aber von der Mehrheit der Menschen genutzt, die hier unterwegs sind.

ÖPNV
Flächenersparnis ist der Hauptvorteil des ÖPNV. Er benötigt zwar ebenfalls relativ große Flächen – insbesondere bei Bahnkörpern –, ist aber aufgrund der hohen Massenleistungsfähigkeit und Fahrzeugkapazität auch bei einer Auslastung von nur 20 % vergleichsweise effizient. Steigt die Auslastung auf 80 % oder höher, ist der ÖPNV mit Abstand das flächeneffizienteste Verkehrsmittel. Für je 100 Pkw werden nur drei Minibusse benötigt, um den gleichen Verkehr zu leisten.

Gestaltung des frei gewordenen Raumes
Für Städte ist die Flächeneffizienz des knappen urbanen Lebensraums am bedeutsamsten – nicht nur durch Gewinnung neuer urbaner Räume, sondern auch durch die Aufhebung der Trennwirkung von Straßen zwischen Quartieren.
Besonders parallel, während des Prozesses der Verkehrswende, dienen sie verstärkend als sicht- und erlebbare Beispiele.

In Quartieren
Hier bieten Stadtstraßen neben den verschiedenen Arten der Fortbewegung auch Platz für urbane Zwecke durch wohlgestaltete Aufenthaltsräume und eine Vielzahl von Nutzungs- und Aktivitätsmerkmalen mit sichererem und attraktiverem Design. Gewohnt enge Straßen werden durch den Rückbau, auch von Parkplätzen, zu Orten für

- individuelle und gemeinschaftliche Interaktionen, z. B. durch mehr Bänke etc.
- das tägliche Versorgen bzw. Einkaufen
- Spazierengehen oder Flanieren

- Freizeit/Kultur, Kinderspielplätze
- gesünderes Leben, Natur (inkl. Biotopverbund) etc.

Zusammen mit breiteren Gehwegen bringt das spürbar mehr Lebendigkeit zurück in die Quartiere.
Solch kleinteilige Veränderungen bieten gute Möglichkeiten für Beteiligungen.
Ein Beispiel ist das Projekt »Ottensen macht Platz«, das verstetigt wurde.

Bezogen auf die ganze Stadt
Der Rückbau von Straßen, besonders von Stadtautobahnen, bewirkt eine Aufhebung der Trennwirkung von Gebieten,

- Wiederzusammenfügung vormals getrennter Stadtteile, z. B. Hamburger BAB-Deckel
- Überwindung des »Zementkragens«, der seit den 1960ern die Innenstadt Birminghams isoliert hatte.

Wie Verkehrsflächen für andere urbane Zwecke genutzt werden könnten, zeigen besonders effektiv erlebbare Pilotprojekte, etwa Parklets.[45] Ein Parklet ist ein zeitweise zweckentfremdeter Parkplatz als Erweiterung des Gehwegs, z. B. bei einer »Parking Day«-Aktion. Dabei könnten Anwohnende einen ganzen Tag Parkplätze umgestalten wie etwa zu Treffpunkten mit Sitz- und Spielplätzen, Kunst, Fahrradabstellmöglichkeiten oder einfach ein bisschen Grün, um mehr Lebensqualität in die Stadt zurückzubringen.

Gesundheit

- Lärm(schutz), Feinstaub, Unfälle etc.
- Die Vorteile des Zufußgehens und Radfahrens sind bekannt. Die Verkehrssicherheit durch bessere Straßengestaltung und Verkürzung der Wege senkt das Risiko von Fußgängerunfällen um 6 %.[46]
- Geschwindigkeit: Die Wahrscheinlichkeit, von einem Auto getötet zu werden, ist bei Tempo 30 etwa fünfmal so hoch wie bei Tempo 20 und noch einmal fünfmal so hoch bei Tempo 40.[47]
- Forscher der Universitäten von Oxford und Bath in England fanden heraus: Wenn ein Viertel der Autofahrten per Rad oder zu Fuß unternommen werden würden, könnte England 1,1 Milliarden GBP an Gesundheitskosten pro Jahr einsparen.[48]

9.1.3 Finanzierung

Die Mobilitätswende sollte initiiert werden durch öffentliche Investitionen – als Vorleistung, bis sie sich selbst trägt.
Das zeigt anschaulich der Vergleich von US-amerikanischen mit skandinavischen Städten:[49] In den 1960ern begannen konventionelle Pkws in Kopenhagen/Amsterdam genauso zu dominieren wie in der typisch amerikanischen Stadt. Dann wurden jedoch Investitionen in unterschiedliche Richtungen gelenkt: in den USA in den Ausbau von Straßen für die autogerechte Stadt und in Skandinavien in alternative Transportformen, mit heute sichtbarem Ergebnis.

Kriterien der Finanzierung

- Bündelung aller verfügbaren Quellen → Finanzierung (5.9)
- öffentliche Teilsubventionen und Initialinvestitionen für
  - kostenfreien ÖPNV
  - Infrastruktur (z. B. für Radwege) oder Mobilitätspunkte
  - digitale Netzwerke
- Bedingung setzen für urbane Vorhaben, um die Erreichbarkeit durch alternative und flächensparende Mobilität zu unterstützen, z. B. durch Kostenbeteiligung an Haltestellen, Ausbau der Fahrradinfrastruktur, grüne Pendlerpläne etc.
- rasche Umsetzung von kostengünstigen Maßnahmen, z. B. Markierungen, Schilder etc. für sichtbare Erfolge
- übergangsweise eine Verteuerung auszuschleichender Verkehrsmittel, die motorisiert sind durch die Verbrennung fossiler, THG produzierender Ressourcen → Achtung, Barrieren! (6) – Finanzierungsabhängigkeiten (6.11)
- Zuschüsse und Förderungspakete aus nationalen, europäischen und globalen Töpfen

9.1.4 Informationsgrundlage für die Klima- und Nachhaltigkeitsprüfung

9.1.4.1 Definitionen

→ 1.3 Definitionen – wovon reden wir?

Mobilität = Erreichbarkeit
Die Möglichkeit bzw. Fähigkeit, ein gewünschtes Ziele erreichen zu können. Dabei bleibt aber völlig offen, auf welche Weise es erreicht wird.

Verkehr ist im Gegensatz zur Mobilität:

- nur das Mittel zum Zweck, ein Instrument, das für die konkrete Umsetzung der Mobilität benötigt wird
- die zielgerichtete Ortsveränderung von Personen, Gütern, Nachrichten unter Verwendung von Energie und Information einschließlich Unterstützungsprozessen, z. B. Lager- und Umschlagprozessen[50]
- detaillierter aufgeschlüsselt mit spezifischen Fahrzeugen, Infrastrukturen und Verkehrsregeln, also somit sehr gut messbar.

Nachhaltige und klimagerechte Verkehrsmittel:
flächeneffiziente nicht motorisierte Fahrzeuge sowie motorisierte Fahrzeuge mit emissionsfreien Antrieben aus erneuerbaren Energiequellen

Konventioneller Pkw:

- motorisiert durch die Verbrennung endlicher fossiler Ressourcen, womit THG und Feinstaub produziert wird
- ineffizient genutzt
  - meist nur von einer Person
  - meist parkend
- als Bezeichnung zur Unterscheidung von »Autos«
  - mit Antrieben aus regenerativen Energiequellen
  - ohne Emissionen
  - geteilt, also den Großteil des Tages genutzt
  - als eine Komponente des »Modal Split«

Zur Vermeidung des Begriffes »autofrei« bedarf es daher einer passenderen Definition. »Autoarm« ist m. E. ein unglücklich gewählter Begriff, um Fahrten von Notärzten, Belieferungen zu bestimmten Zeiten etc. zu inkludieren.

9.1.4.2 Bestandsaufnahme und Potenzialermittlung

- Analyse der Verkehrsinfrastruktur, des Verkehrsaufkommens (auch Pendler) und des Energiebedarfs für Mobilität
- Potenziale zur Veränderung von Verkehrsnutzungen in öffentlichen Verkehrsflächen, z. B. zur Förderung des Radverkehrs
- Ermittlung von Flächen für Mobilitätspunkte und »Ridesharing«
- Angebote und Standorte für E-Mobilität
- Möglichkeiten zur Stärkung bzw. Anpassung des ÖPNV

9.1.4.3 Indikatoren

Übersetzung der Maßnahmen in messbare und vergleichbare Indikatoren, z. B.:

- Entfernung zum nächsten Mobilitätspunkt in Metern (als Ziel bspw. 500 Meter)
- Zeit, bis das nächste Verkehrsmittel verfügbar ist, in Minuten (als Ziel z. B. 10 Minuten)
- Anteil der alternativen Verkehrsmittel zur Bewältigung der gesamten Mobilität

→ 5.8.1 Bestimmung der Indikatoren (unter 5.8. Klima- und Nachhaltigkeitsprüfung)

9.2 Energie

Integration aller energetischen Aspekte in urbane Strukturen und Systeme

9.2.1 Ideal

Autarke, TGH-neutrale Energieerzeugung aus nachhaltigen, erneuerbaren Quellen mittels dezentraler Versorgungssysteme, effizient genutzt für

- Strom
- Heizen/Kühlen
- Motorenantrieb

9.2.2 Aspekte und Maßnahmen

9.2.2.1 Energiequellen

Nutzung und Kombination aller möglichen erneuerbaren Energiepotenziale:

- Wind
- Hydro
- Solar
- Biomasse
- Geothermie
- »Energy from Waste«

Wind

Energie wird mit Windkraftanlagen durch einen Rotor erzeugt, der an eine Mühle, Pumpe oder einen Stromgenerator angeschlossen ist.

Hydropower/Wasserkraft

- Energie wird durch Bewegung des Wassers über eine Turbine in Strom umgewandelt.
- Wasserstoff für Motorenantriebe: H_2O wird in H_2 und O gespalten mit anfallender Fernwärme. Wegen der extrem energieintensiven Herstellung ist das nur bei der Nutzung von erneuerbaren Quellen zur Erzeugung sinnvoll (Anwendung, z. B. mit Kartuschen[51] für kleinere Transportmittel).

Solar/Sonnenenergie

Fotovoltaik und Solarthermie

- Fotovoltaik oder Solarkollektoranlage (PV-Anlage bzw. PVA)
- thermische Solaranlagen
  - Warmwasserbereitung
  - solarthermische Speicherung

Biomasse

Der abbaubare Teil von Erzeugnissen, Abfällen und Reststoffen biologischen Ursprungs aus Industrie und Haushalten

Beispiel: Biogas aus Gülle

→ Achtung, Barrieren! (6): Die Verfeuerung fester Biomasse (Holzpellets/Holzhackschnitzel, Scheitholzheizungen/-kessel etc.) ist momentan wegen der Emissionen sowie des nicht schnell und ausreichend nachwachsenden Rohstoffs Holz noch (!) keine Massenlösung.

Geothermie: Erdwärme

Die im zugänglichen Teil der Erdkruste gespeicherte Wärme (thermische Energie) kann durch Erdwärmeüberträger entzogen und genutzt werden.

»Energy from Waste« – Energieerzeugung aus Abfällen

- Deponiegas
- Strom und Wärme von Müllverbrennungsanlagen
- Wärme aus Abwasser

→ Achtung, Barrieren! (6): Potenzielle Abhängigkeiten – langfristig wird die Abfallmenge in Städten durch den Ressourcenkreislauf stetig abnehmen. → 9.9 Abfall

9.2.2.2 Energieerzeugung

Technologien zur Energieerzeugung ohne THG oder fossile Ressourcen – mit emissionsfreien Antriebsenergien ohne negative Auswirkungen bei der Speicherung (z. B. Batterie) und Umwandlung (z. B. Brennstoffzellen)

Blockheizkraftwerk (BHKW)

Ein BHKW basiert auf der gleichzeitigen Erzeugung von Energie (Strom) und Nutzung der Abwärme durch Kraft-Wärme-Kopplung, idealerweise als dezentrales Mikroheizkraftwerk.[52] Durch die Einsparung von Transportwegen und den damit verbundenen Energieverlusten kann die Abwärme wesentlich effizienter genutzt werden für die örtliche Erschließung einzelner Gebäude oder Quartiere mit eigener Wärmeerzeugung.

Wärmepumpen

Eine Wärmepumpe überträgt thermische Energie von einer Wärmequelle aus der Umgebung (Boden, Luft oder Wasser) auf ein zu beheizendes System.

Power-to-X (Ptx)

Verschiedene Technologien zur Speicherung bzw. anderweitigen Nutzung von Stromüberschüssen in Zeiten eines (zukünftigen) Überangebotes erneuerbarer Energien wie Solarenergie, Windenergie, Wasserkraft und Bioenergie

Abwärmenutzung

Eine Wärmequelle in der Nähe wird zum Heizen bzw. Kühlen anderer Nutzungen verwertet. Beispiele:

- Die Müllverbrennungsanlage in Bremen heizt bzw. kühlt die Universität. → »Energy from Waste« (unter 9.2.2.1 Energiequellen)
- Eine Eissporthalle heizt das Schwimmbad nebenan, das wiederum die Eislaufanlage kühlt in Bremen-Walle.

Wärmerückgewinnung[53] für/bei

- Luftwechsel/Frischlufterwärmung: Durch eine Lüftungsanlage wird der Energieinhalt der Abluft genutzt, um die Zuluft zu temperieren. Fast die gesamte Wärmeenergie kann so zurückgewonnen werden.
- Abwasser: In einem Fallleitung-Wärmeübertrager wird das abfließende Abwasser gekühlt und das zufließende Kaltwasser aufgewärmt.
- industrielle Prozesse: Bei vielen industriellen Prozessen sind hohe Temperaturen notwendig. Beim Abkühlen der Produkte, aber auch der erhitzten Umgebungsluft oder anderer Gase, die beim Prozess aufgewärmt werden, kann Wärme zurückgewonnen werden.

9.2.2.3 Energieversorgung

Dezentrale Energieversorgungssysteme verteilen verbrauchernah erzeugte Energie, z. B. Inselnetze, kleinräumige Nahwärmesysteme etc.
Sie sind miteinander verknüpft als Teil eines übergeordneten zentralen Gesamtenergieversorgungssystems, um untereinander zu kommunizieren und Energieflüsse austauschen zu können.

Vorteile

- Optimierung auf lokaler Ebene mit deutlich geringerer Komplexität als im Gesamtsystem
- Integration verschiedener Arten von Technologien zur Energieerzeugung inklusive Mikrogeneration, wo nicht gebrauchter Strom gegen Vergütung ins öffentliche Stromnetz eingespeist wird
- verbesserte Partizipation sowie Steuerungsmöglichkeit und damit Akzeptanz durch Bürger
- geringere Anfälligkeit und Verwundbarkeit sowie die Reorganisation nach einer Systemstörung durch z. B. Extremwetterkatastrophen

Handlungsbedarf

- Speicherung von alternativer Energie wie Batterien (für E-Verkehrsmittel)
  - ohne negative Umweltauswirkungen (Entsorgung)
  - sozialverträgliche Herstellung (keine Kinderarbeit in Minen)
  - sichere Nutzung (Brandgefahr)

Lösung: → Prinzip Wissenschaftsbasiert (3.2.11)

- Bei Überschuss: Einspeisung selbstproduzierter Energie in das städtische Netz
  - unbürokratisch
  - finanziell attraktiv

Lösung: → 5.2.6 vereinfachte Prozeduren (unter 5.2 Anreize zur Verhaltensänderung)

- Transport über größere Distanzen
  - z. B. vom windreichen Norden nach Süden

Lösung: Förderung neuer Technologien → Prinzip Wissenschaftsbasiert (3.2.11)

9.2.2.4 Energienutzung

Vorteile der Nutzung erneuerbarer Energien (neben dem Klimaschutz)

- finanziell – langfristig geringe Kosten durch die hohe Verfügbarkeit, d. h.
  - sozialverträglicher
  - verringerte Investitions- und Betriebskosten
- gesundheitlich – weniger (Schadstoff-)Emissionen
- Wohlbefinden – thermaler Komfort durch angenehme Wärme
- Einsparmaßnahmen, also rationalere, effizientere Nutzung etc., z. B. durch energieeffiziente Geräte, sind nur für den Übergang notwendig

Energiemanagement

Sollte dort beginnen, wo größte Effekte zu erwarten sind. → Prinzip Priorisiert – das Wichtigste zuerst (3.2.4). So dienen 50 % des bundesweiten Energieverbrauchs in erster Linie der Wärmeerzeugung.[54]

Bedarfsorientierte und bedienungsfreundliche Regelung der Anlagentechnik:

- optimierte Einstellungen/Wartungen
  - intelligente Steuerungselemente, d. h. Zeit-, Zonen- und Temperaturregelung, gekoppelt mit Wettersensoren und Optimierern (auch/ gerade bei Sammelheizungen)

   - separate Messung und Abrechnung für jede Wohn- und Betriebseinheit, individuell für Wasser, Beleuchtung, Maschinen, Raum- und Wasserheizung
- bei Erneuerung der Heiztechnik: Umstellung auf modernste Technik

Das gilt für aktive und passive Energienutzungsmöglichkeiten. → 8.4 Grundstücke und Gebäude (unter 8. Gebietsbezogene Handlungsfelder)

9.2.3 Strategie

Eine übergeordnete Energiegesamtstrategie wird in den Transformationsrahmen für die gesamte Metropole integriert: als Grundlage für abgestimmte suburbane Konzepte, die alle relevanten o. g. Bereiche umfasst.

Die Strategie:

- koordiniert
   - die derzeitigen und zukünftigen Energieverbräuche
   - die regionalen Energieressourcen sowie
   - potenzielle Energieprojekte
- bietet Richtlinien für geeignete Standorte zur Erzeugung regenerativer Energien, z. B. realistische Abstandsregelungen, besonders für Windkraft
- identifiziert Fördermöglichkeiten vor allem für die energetische Sanierung im Bestand
- sichert deren Verwirklichung, z. B. durch Kontrollmöglichkeiten wie den Rückkauf des Energienetzes wie in Hamburg
- regelt die Abstimmung mit Nachbargemeinden, z. B. für flächenintensivere Anlagen, etwa durch Energiepartnerschaften
- definiert Auflagen: Erlaubnis nur für Energieerzeugung und Nutzung aus erneuerbaren Quellen ohne Emissionen
- setzt einen Zeitplan für die Umstellung auf erneuerbare Energien (am wichtigsten ist der Kohleausstieg).

Dies geschieht unter Berücksichtigung der Gestaltungsrichtlinien (→ 7.3 Stadtgestaltung).

9.2.4 Informationsgrundlage für die → Klima- und Nachhaltigkeitsprüfung

9.2.4.1 Bestandsaufnahme und Potenzialermittlung

Analyse der vorhandenen Möglichkeiten für:

- THG-freie Energieerzeugung aus regenerativen Quellen, auch aus dem ländlichen Umfeld
- dezentrale klein(st)räumige Versorgungssysteme (auch »Prosumer«)
- effektive Nutzung (Abwärme, Dämmung, passive solarenergetische Optimierungen etc.)

9.2.4.2 Indikatoren

Übersetzung der Maßnahmen in mess- und vergleichbare Indikatoren

→ Bestimmung der Indikatoren (5.8.1 unter 5.8. Klima- und Nachhaltigkeitsprüfung)

9.3 Flächen

Ein begrenztes, nicht erweiterbares Gut der Stadt

9.3.1 Ideal

Intensiv, effizient und multifunktional genutzte urbane Flächen, aufgeteilt gemäß den Zielen des Transformationsrahmens mit optimierten Klima- und Nachhaltigkeitsfunktionen

9.3.2 Aspekte und Maßnahmen

Flächenaufteilung und Nutzung entsprechend den jeweiligen → gebietsbezogenen (8) und → thematischen (9) Handlungsfeldern mit für diese erforderlicher

- vertikaler und horizontaler Funktionsmischung
- Verdichtung und
- Entsiegelung

(→ 7. Stadtstrukturelle Handlungsfelder)

Je nach ihren Potenzialen für

- das Makro- und Mikroklima
- die Ökologie
- das Schwammstadtkonzept
- als THG-Senken

9.3.2.1 Flächeninanspruchnahme

Was messen wir wozu?

Das bisherige Maß zur Bestimmung des urbanen Flächenverbrauchs ist der Anteil bzw. Anstieg der Siedlungs- und Verkehrsfläche. Das Statistische Bundesamt (Destatis) nutzt den Flächenindikator »Anstieg der Siedlungs- und Verkehrsfläche in ha/Tag«.

Folgende Aspekte sind hier zukünftig zu berücksichtigen:

- Verkehrsflächen werden sich aufgrund der Mobilitätswende verändern und zunehmend vielseitiger genutzt werden.
- »Siedlungs- und Verkehrsfläche« darf nicht mit »versiegelter Fläche« gleichgesetzt werden: Siedlungs- und Verkehrsfläche enthält auch einen erheblichen Anteil unbebauter, aber eben nicht durchlässiger, versickerungsfähiger Oberflächen. Urbane »Frei«flächen wiederum können auch versiegelt sein oder keine Klimafunktion besitzen.

Statt »Flächenverbrauch« könnte »Flächeneffizienz« zusammen mit »Entsiegelung« ein sinnvollerer Indikator sein.

Allerdings würden durch die dafür notwendigen Veränderungen der etablierten Definition der Siedlungs- und Verkehrsfläche (auch genutzt zur Bestimmung für Siedlungsdichte → 7.1 Urbane Dichte) die bereits praktischerweise vorhandenen einheitlichen, mess- und vergleichbaren statistischen Daten unbrauchbar. → 6. Achtung, Barrieren!

9.3.2.2 Flächeneffizienz

Möglichkeiten:

- kontinuierliches innerstädtisches Flächenrecycling durch optimierte, intensivere und effizientere (auch vertikale) Wieder- oder Umnutzung und Nachverdichtung
- Begrenzung von Bauneulandausweitung besonders bei flächenintensiven Nutzungen

- Rückbau vorhandener Straßen und Stellplätze
- Nutzung der durch die Mobilitätswende frei gewordenen Flächen
- Dächer als Nutzflächen (Grünflächen, Freizeit)
- Reaktivierung von innerörtlichen Brachflächen, auch durch Wiederaufbereitung kontaminierter Flächen
- Identifizierung von
  - Baulücken, auch innerhalb von Grundstücken sowie vertikal in Gebäuden
  - Gebieten mit Nachverdichtungspotenzialen, z. B. Vororte
- Nachverdichtung auch durch Doppel- und temporäre Nutzungen, pro Grundstück oder vertikal innerhalb von Gebäuden

Funktionseinschränkungen sind zu vermeiden u. A. durch entsprechende Designlösungen → Stadtgestaltung.

9.3.2.3 Entsiegelung

Die Bodenfläche der Städte ist zu 80 bis 90 %[55] versiegelt (Versiegelungsgrad), also bebaut, oder bei unbebauten Freiflächen ganz oder teilweise asphaltiert oder gepflastert. Einmal versiegelt, bleibt sie es auch lange.

Durch Entsiegelung werden wiederhergestellt die

Funktionen des vormals luft- und wasserdicht abgedeckten Bodens[56]

- Niederschlags- und Hochwasser kann besser versickern → Konzept Schwammstadt (9.6.2.2)
- zusätzliche Vegetationsstandorte als → THG-Senken (bei 2.2.1)
- Aufheizungseffekte nehmen ab → 9.4 Mikro- und Makroklima
- der Gasaustausch des Bodens mit der Atmosphäre wird erhöht

mithilfe von

durchlässigen, versickerungsfähigen Multifunktionsbelägen zur Oberflächenbefestigung:

- als Drainagesysteme
  - Klein- und Mosaikpflaster (≤ Ziegel), Kopfsteinpflaster
  - wassergebundene Decke (Schlacke, Kies, Tennenfläche, Schotterrasen etc.)
  - Trittrasenflächen, z. B. mit Rasengittersteinen
- zur Integration von Klimafunktionen:

Beispiel: Am Stadtrand von Amsterdam hat ein nur 70 Meter langer Radweg mit aus gehärtetem Glas überzogenen Fotovoltaikzellen in den ersten sechs Monaten bereits 3000 Kilowattstunden Strom erzeugt.[57]

9.3.3 Strategie

Sie setzt aus den Zielen zu entwickelnde

- Kriterien für die Verteilung, Nutzung und Funktion urbaner Flächen mittels eines für alle Akteure einsehbaren Flächenkatasters bzw. -registers (Landbank).
- Standards für → stadtstrukturelle Handlungsfelder (7) durch
  - vertikale und horizontale Funktionsmischung
  - Verdichtung
  - Entsiegelung.

9.3.4 Informationsgrundlage für die → Klima- und Nachhaltigkeitsprüfung

9.3.4.1 Bestandsaufnahme und Potenzialermittlung

Analyse

- Kartierung un- oder untergenutzter Flächen
- Untersuchung der Flächenbedarfe nach Zielen

9.3.4.2 Indikatoren

Übersetzung der Maßnahmen in mess- und vergleichbare Indikatoren, z. B.:

- Umfang des un- oder untergenutzten, d. h. nicht für eigentliche Zwecke oder die anderer thematischer Handlungsfelder (z. B. Biodiversität) erforderlichen Platzes wie etwa
  - zwischen Gebäuden
  - innerhalb eines Grundstückes auf dem Außengelände, z. B. für dekorative Gartengestaltung
  - innerhalb des Gebäudes (bei hohen Decken etc.)
- Ausmaß der ent-/versiegelten Fläche auf einem Gebiet
- Potenzial zur Entsiegelung bzw. Retrofitting von Drainagesystemen

→ Bestimmung der Indikatoren (5.8.1 unter 5.8. Klima- und Nachhaltigkeitsprüfung)

9.4
Makro- und Mikroklima

Urbane thermale Verhältnisse

9.4.1 Ideal

Groß- und kleinräumige klimatische Bedingungen, die im Sommer kühlend und im Winter wärmend wirken für thermalen Komfort und Energieeffizienz

9.4.2 Aspekte und Maßnahmen

9.4.2.1 Stadtklimatische Effekte

Die mit dem Klimawandel einhergehende Temperaturerhöhung mit vermehrten Hitzeereignissen wird den Temperaturgradienten, der vom Stadtrand zur Innenstadt um ca. 6 bis 8 Grad[58] ansteigt, noch erhöhen.
Städtische Wärmeinseln befinden sich in einem »Meer« kühlerer ländlicher Luft. Dieser Effekt wird weiter verstärkt durch das Zusammenwirken von Einflussgrößen des urbanen Wärmehaushaltes wie:

Aufheizungen durch

- hohe Versiegelung mit undurchlässigen Oberflächen wie Beton oder Asphalt
- Glas- und Stahlfassaden

Ungenügende Abkühlung aufgrund von

- nächtlicher Abstrahlung der gespeicherten künstlichen Wärme
- unzureichender schatten- und feuchtigkeitsspendender Vegetation
- Verhinderung einer möglichen Kühlung durch verdunstendes Wasser, da Niederschlag sofort abgeleitet wird

9.4.2.2 Klimaregulierende Maßnahmen

Ein in die urbane Struktur integriertes System zur Förderung von Frischluftaustausch und Temperatursenkung durch:

Be- und Durchlüftungsschneisen sowie Korridore

Kalt- bzw. Frischluft wird vom Umland und von innerörtlichen Entstehungsgebieten durch ein Netz zusammenhängender Freiflächen/-räume geleitet, z. B. entlang Trassen.

Bei Gebäuden:

- Ausrichtung nicht quer zur Kalt- bzw. Frischluftströmungsrichtung
- gestufte Höhenanordnung zur Förderung der Luftverwirbelung
- keine geschlossenen Häuserfronten wie bspw. bei Blockrandbebauungen

Frisch- bzw. Kaltluftentstehungsräume sowie Ausgleichs- bzw. Sammelgebiete und Elemente

»Inseln der Kühle«

- sorgen für Verdunstungskühlung durch Erhöhung der Luftfeuchtigkeit
- zeichnen sich durch eine hohe nächtliche Abkühlung aus
- spenden Schatten
- absorbieren Wärme.

Sie sorgen so für eine gedämpfte Tagesamplitude und eine Verzögerung des Tagesmaximums der Temperatur.

Möglichkeiten:

- Frei-, Grün- und Brachflächen
- Geländemulden, Senken und Täler
- Gewässer (→ 9.6 Wasser)
  - Seen (z. B. Baggerseen) verursachen bleibende kleinklimatische Veränderungen
  - Gräben mit Sickerflächen und Staudenbepflanzung
  - Flusswasser, das durch Wärmetauscher fließt, als Fernkälte
- Bepflanzungen (→ 9.5 Biodiversität)
- Beschattungssysteme (→ 8.4.2 Solarenergetische Optimierung)
  - Folien vor Fenstern
  - Beschichtungen von Fassaden
  - »Sonnenbrillen« für Gebäude: äußere Lamellen, die synchron zur Sonne rotieren
- Flächengestaltung: multifunktionale, durchlässige, helle, reflektierende Oberflächen ohne Wärmerückstau

Beispiel Los Angeles: Die Beschichtung der Bürgersteige mit einer hitzereflektierenden Farbe führte zu einem Rückgang der Umgebungstemperaturen von etwa 6,6 Grad. Allerdings wurde es durch Abstrahlung direkt darüber für Menschen als zu warm empfunden.[59]

→ **Achtung, Barrieren! (6):**
Risiko »Windige Stadt«-Syndrom (6.3.3)
zur Vermeidung von Verwindung/Zugluft:

- Bepflanzung zur Vermeidung von Windschneisen
- Anordnung der Gebäude

Potenzielle Zielkonflikte (6.2):

- Dichte: offene Siedlungsstrukturen für Luftzirkulation versus kompakte Bauweise für den Wärmeinseleffekt zur Reduzierung des Heizenergiebedarfs durch Auskühlung
- Verschattung: Förderung (zur sommerlichen Kühlung) versus Vermeidung (winterlicher Wärmeerhalt)
- Flächenkonkurrenz: zwischen dem Freihalten von Flächen mit Klimafunktion und deren Bebauung für andere Nutzungen, z. B. Wohnungen

9.4.3 Strategie

Eine Strategie für urbane Flächen managt, koordiniert (zeitlich, finanziell etc.) und priorisiert alle obigen Aspekte.
Sie setzt aus den Zielen zu entwickelnde Standards für Maßnahmen zur Förderung von groß- and kleinräumigen klimatischen Bedingungen, die im Sommer kühlend und im Winter wärmend wirken.

Sie stellt Rahmenbedingungen:

- zur Stärkung der kumulativen Effekte, gerade bei der Verbindung von Grün- und Wasserelementen und deren räumlicher mikroklimatischer Wirkung, mit den wirtschaftlichen Vorteilen wie Kühlung von Betrieben oder Nutzung der Wärme durch Industrieprozesse, aber auch zur Freizeitnutzung für das Wohlbefinden
- zur Vermeidung, zum Ausgleich und ggf. für Kompromisse bei den genannten → Zielkonflikten (6.2) und → Risiken (6.3) als → Achtung, Barrieren! (6).

9.4.4 Informationsgrundlage für die → Klima- und Nachhaltigkeitsprüfung

9.4.4.1 Bestandsaufnahme und Potenzialermittlung

Analyse

- lokale Klimagutachten
- Klimafunktionskarten, z. B. für Luftaustauschbahnen

9.4.4.2 Indikatoren

Übersetzung der Maßnahmen in messbare und vergleichbare Indikatoren, bspw.

- Prozent der Flächen mit Potenzial für Frisch- bzw. Kaltluftentstehungsfunktion
- Lage und Form zusammenhängender Luftzirkulationskorridore

→ Bestimmung der Indikatoren (5.8.1 unter 5.8 Klima- und Nachhaltigkeitsprüfung)

9.5 Biodiversität

Urbane Ökologie

9.5.1 Ideal

Die biophile Stadt[60] – eine symbiotische Beziehung zwischen gebauten urbanen Strukturen und lebender Infrastruktur

9.5.2 Aspekte und Maßnahmen

Wie kann die Transformation zur biophilen Stadt erreicht werden?

9.5.2.1 Funktionen von Stadtgrün

Ein Multifunktionsdienstleister mit folgenden Potenzialen:

THG-Bindung

Sie ist ein kurz- bis mittelfristiges Ziel bis zur THG-Neutralität als langfristigem Zustand.

Stadtgrün wirkt CO_2-absorbierend, als → THG-Senke (bei 2.2.1 Klimaschutz/ Mitigation):

- 1 km^2 Wald, etwa in Stadtparks, bindet ca. 1000 Tonnen CO_2 pro Jahr.[61]
- Um eine Tonne CO_2 aufzunehmen, muss eine Buche ungefähr 80 Jahre lang wachsen.[62]

Luftqualität: »Grüne Lungen« zur Luftreinhaltung

- Steigerung von Sauerstoffproduktion/-gehalt
- Schadstofffilterung/Feinstaubbindung – besonders Blätter haben eine große Filterwirkung zum Auskämmen von Aerosolen

Regulierung des urbanen → Mikro- und Makroklimas (9.4)

- Erhöhung des Feuchtigkeitsgehaltes sorgt für Verdunstungskühlung und ausgleichende Luftbefeuchtung
- Reduzierung der Temperatur
- Verzögerung des oberirdischen Abflusses von Wasser → 9.6.2.2 Konzept Schwammstadt

Gebäudebepflanzungen haben im Sommer eine hitzemildernde, kühlende Wirkung und im Winter einen isolierenden Effekt. Die Abstrahlung wird spürbar vermindert und wirkt zusammen mit der Verdunstungskühlung dem Wärmeinseleffekt entgegen. Zudem speichern sie Wasser (→ 9.6.2.2 Konzept Schwammstadt). Stadtbäume spenden Schatten und sorgen für Verdunstung.

Urbane Ökosysteme

Städte sind durch Gärten und Parks oftmals artenreicher als das Umland mit monokultureller Landwirtschaft.

Adaption an den Klimawandel

Fauna und Flora werden sich langfristig durch Artenzusammensetzung, Verbreitung, Struktur, Empfindlichkeiten und Ansprüche an veränderte Bedingungen anpassen müssen:

- Verschiebung der in Deutschland vorkommenden Arten in die klimatisch geeigneten Lebensräume nach Norden und Osten, in höhere Lagen der Gebirge oder entlang von Feuchtgradienten
- Konzentration der klimasensiblen Arten auf urbane Gewässerökosysteme und Feuchtgebiete

Quelle erneuerbarer Energien
Der wichtigste Lieferant sind nachwachsende Rohstoffe.

»Urban farming«
Dabei geht es um die (Selbst-)Versorgung mit Lebensmitteln, z. B. Kräutern und Gemüse, als ein Aspekt der Sicherstellung der Ernährung der Stadtbewohner, aber auch als soziale Treffpunkte bzw. Freizeitgestaltung (→ 9.7 Livability – urbane Lebensqualität).

Raumgliederung, Stadtbild
- weniger Eintönigkeit
- mehr Eigencharakter der Quartiere, Stadtteile oder Einzelobjekte

→ 7.3 Stadtgestaltung (unter 7. Stadtstrukturelle Handlungsfelder)

Physisches und psychisches Wohlbefinden
Stadtgrün erhöht die Qualität der innerstädtischen Lebensbedingungen

Natürlicher Schutz
- Lärmreduzierung: Schalldämmung durch bepflanzte Dächer und Fassaden
- verminderte Blendung

Erholungsfunktion
- Grün beruhigt
- lädt zum Verweilen ein
- Tages- und Kurzzeiterholung sowie Minderung des Freizeittourismus an Wochenenden

→ 9.7 Livability – urbane Lebensqualität

9.5.2.2 Maßnahmen
Den Möglichkeiten zur Stadtbegrünung sind keine Grenzen gesetzt: Nutzung aller Strukturen und Flächen, auch Brachflächen, Baulücken, Gärten etc., ohne
- die Weitläufigkeit der Stadt zu erhöhen → 6.2 Zielkonflikte (unter 6. Achtung, Barrieren!),
- deren Funktion zu beeinträchtigen oder
- Materialien zu schädigen.

Durch die folgenden Maßnahmen können die oben genannten Funktionen von Stadtgrün effektiv unterstützt und – besonders kumulativ – positive Effekte erreicht werden. So führte z. B. die konsequente Begrünung von Kreuzberger Brachflächen und Hof-, Garagen- sowie Dachbegrünung zu einer Verzehnfachung der ökologisch aktiven Grünfläche.

Gebäude, Haus, Hofbegrünung

Sie dient der CO_2-Absorption, Sauerstoffproduktion und Isolierung/Dämmung. Maßnahmen sollten Designlösungen zum Materialschutz (z. B. durch Feuchtigkeit, Wurzeln etc.) sowie Konzepte für Wartung und Pflege beinhalten.

- Dächer (auch von Schuppen etc.): Ein grünes Dach umfasst ein wurzelabweisendes System, ein Drainagesystem und Pflanzen, die auf einer wasserdichten Membran wachsen.[63]
- Sockelbegrünung (ab 50 cm)
- Fassadenbegrünung:
  - Nordseite: immergrüne Pflanzen
  - Südseite: sommergrüne Pflanzen
- Nachrüstung der Gebäude mit Balkonen, Loggias, Wintergärten
- Blumenkästen u. Ä. an obigen Elementen sowie auch auf Fensterbänken
- naturnahe Grünflächen (inkl. Feuchtbiotope) zwischen Häusern, z. B. in der Umgebung großer Wohnkomplexe
- Gärten
  - Vorgärten, wenn eine Breite von 2 Metern möglich ist
  - Dachgärten
  - vertikale Gärten

  Beispiel: »One Central Park« in Sydney (Australien): Ein 100 m hoher vertikaler Garten – die bepflanzten Türme sollen die Qualität des Hochhauslebens durch Begrünung und thermale Effekte aufgrund der umgeleiteten reflektierenden Sonneneinstrahlung verbessern.[64]

Urbane Oberflächen

Versickerungsfähige Oberflächenbefestigungen werden mit Bepflanzungen kombiniert, etwa durch Rasengittersteine oder Schotterrasen. → 9.3.2.3 Entsiegelung (unter 9.3. Flächen)

Öffentlicher Raum

- Randnischen an Verkehrsflächen/-achsen, z. B. Bahndämmen (Straßenbegleitgrün)
- Vegetationsflächen in Querungsbereichen (Kreuzungsflächen)
- Tiefbeete
- Parks

Private Grundstücke

- Auferlegung von Pflanzgeboten, z. B. für Blumenkästen oder Dachbegrünung
- Verbote von Schottergärten etc.

Stadtbäume

- Sanierung und Vermehrung des Baumbestands
- Vergrößerung der vorhandenen Baumscheiben und zusätzliche Baumscheiben
- Trittrasenflächen im Baumstreifen
- vertikale Wälder (Waldstädte)

Widerstandsfähige Baumarten ertragen heftige Überflutungen, aber auch wochenlange Trockenheit. Baumsorten mit einem feineren Blattwerk ermöglichen auch den Luftaustausch in stark belasteten Straßen.

Beispiel: Diese »lebende Wand« im Freien mit einer Luftreinigungsfähigkeit von 275 natürlichen Bäumen kann Schadstoffe um bis zu 30 % reduzieren und nimmt dabei nur 1 % des Platzes ein, der mit echten Bäumen benötigt würde.[65]

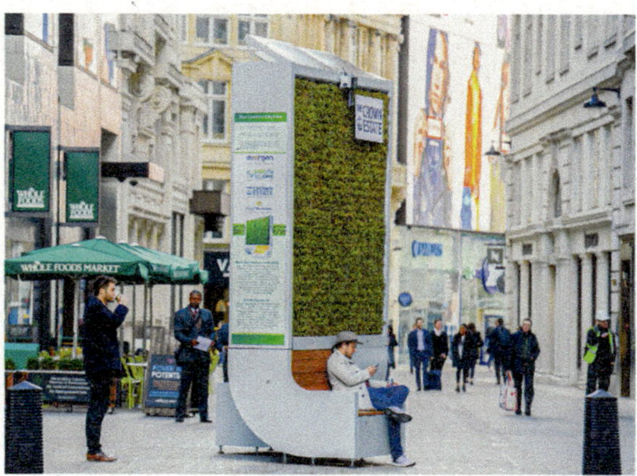

Abbildung 3: *Pflanzenwand.*

Auch intelligentes Grün (»Smart Greenery«) wie die »Superbäume« in Singapur können Städten gegen höhere Temperaturen helfen, indem sie Wärme absorbieren und Schatten spenden. Die Bäume sind eigentlich komplexe vertikale Gärten mit mehr als 200 Pflanzenarten, gekrönt von Sonnenkollektoren.[66]

Biotop Schutz und Anreicherung:

- von der Aussaat von Wiesensamen auf artenarmen, kurz geschorenen Rasen bis zum vielgestaltigen Umbau vorher eingeebneter Flächen (höhere Klimawirkung durch vermehrte Baumbestände und Gebüschinseln)
- Pflanzenarten: Wildpflanzen aus der Umgebung (spontane Entwicklung statt exotischer Parkpflanzen), behutsame Einführung resilienter Arten
- Flächen mit Reliefunterschieden anlegen: Entstehung von kleinen Biotopen (feuchte Mulden, trockene Südhänge)
- Vermeidung von einheitlichen Rasenflächen
- Brutmöglichkeiten an Gebäuden ermöglichen, ohne die Baustruktur zu schädigen.
- Biotopverbundsysteme (Vegetations- und Wildtierkorridore)
- Vernetzung von isolierten, verinselten Grünflächen bzw. Biotopen, um zu verhindern, dass Ökosysteme kollabieren, wenn sie bestimmte Größen unterschreiten
- geeignete Ausbreitungswege, z. B. bei linienhaften Infrastrukturprojekten

9.5.3 Strategie

Eine Strategie für urbane Ökologie, die alle Aspekte der biophilen Stadt managt, koordiniert (zeitlich, finanziell etc.) und priorisiert. Sie entwickelt aus den Zielen Standards und Bedingungen für die Förderung von und den Schutz der oben genannten Funktionen:

- bauliche Notwendigkeiten für Bepflanzungen, z. B. Dachneigung
- Management und Wartung des Stadtgrüns, wie etwa
  - standortgemäße Pflege
  - Anreicherung der Grünflächen durch Biotope
  - nachhaltiger Landschaftsbau
  - Vermeidung von Laub- und Streuentnahmen
  - Verzicht auf künstliche Düngung, stattdessen Kompostdüngung (biologisches Recycling)

- Einsatz von Patenschaften, z. B. für Bäume/neu gepflanzte Gehölze → Achtung, Barrieren! (6): In Hamburg wurden von Anwohnenden gepflegte Beete am Straßenrand vom Grünflächenamt niedergemäht.
- Wechsel zu klimageeigneteren Pflanzen
- Verbindung mit anderen sozialen und ökonomischen Funktionen wie Freizeit und Naherholung, Blockgärtnereien

Die Strategie dient auch als Entscheidungshilfe bei → potenziellen Zielkonflikten (6.2 unter 6. Achtung, Barrieren!):

- Umweltschutz versus Klimabelange (z. B. bei Windkrafträdern)
  Die Gefährdung von Fauna und Flora ist kurzfristig. Langfristig ist die Gefährdung durch die Nachteile der Nutzung fossiler Energieversorgung größer:
  - Gewöhnungseffekt der Vögel und
  - technische Designlösungen.
- Stadtbäume versus Kalt- und Frischluftschleusen:
  Es sollten z. B. keine dichten Wälder auf Biotopen im Bereich von Kaltluftbahnen entstehen, die die Kaltluft in ähnlicher Weise aufstauen wie eine quer stehende Bebauung. Besser sind Grünflächen mit offenen, dennoch strukturreichen Gehölzen und Wiesen.

9.5.4 Informationsgrundlage für die → Klima- und Nachhaltigkeitsprüfung

9.5.4.1 Bestandsaufnahme und Potenzialermittlung

Existierende Möglichkeiten und Bedarfe sollen analysiert werden.
Eine Stadtbiotopkartierung könnte als Grundlage dienen, z. B. für Ausmaß, Art, Qualität, Form (verbunden, isoliert), Lage (Zugangsmöglichkeit) der Begrünung.

9.5.4.2 Indikatoren

Übersetzung der Maßnahmen in mess- und vergleichbare Indikatoren

→ Bestimmung der Indikatoren (5.8.1 unter 5.8. Klima- und Nachhaltigkeitsprüfung)

9.6 Wasser

Die Art und Weise, wie Wasser durch die Stadt fließt

9.6.1 Ideal

Ein urbaner Wasserkreislauf mit einer weitgehend natürlichen Wasserbilanz, THG-neutral, unter Einsatz von erneuerbaren Energien und angepasst an Extremwetterereignisse

9.6.2 Aspekte und Maßnahmen

Wie können folgende Wasserfunktionen klimagerecht und nachhaltig in städtische Strukturen integriert werden?

Funktionen des urbanen Wasserhaushaltes:

- Versorgung für
  - Verzehr
  - Reinigung
  - Bewässerung
- Energiequellen
- THG-Senken
- Temperaturregulierung
- Artenvielfalt
- Stadtbildaufwertung
- Transport (Flüsse/Kanäle)
- Freizeit und Erholung
- Katastrophenschutz

Bei stark variierenden Niederschlagsmengen sind für den Wasserkreislauf die THG-freie Speicherung, Aufbereitung und Verteilung mittels regenerativer Energiequellen wichtiger als die Menge des Verbrauchs.

9.6.2.1 Herausforderungen

Veränderte Wassermengen

Hochwasser – Sturmflut bzw. Starkregenereignisse
mit hohen Abflussmengen, -geschwindigkeiten und -spitzen:

- Wasser kann auf versiegelten Oberflächen nicht mehr in ausreichendem Umfang versickern.
- Die rasche Ableitung des erhöhten Oberflächenabflusses in eine Kanalisation – gebaut zu Zeiten, als noch nicht mit dem jetzt immer häufiger auftretenden Starkregen gerechnet wurde – führt punktuell zu hohen Abflussmengen und ggf. zu Überflutungen.
- Dies erhöht das Grundwasserdefizit und die Mischwassermenge für Kläranlagen mit
- Auswirkungen auf das Kanalisationssystem:
  - Überlastung der Kanalnetze
  - automatische energieaufwendige Aufbereitung des gesamten Abflusswassers zu Trinkwasserqualität

Niedrigwasser – Hitze und Dürreperioden mit geringer Luftfeuchtigkeit
hat Einfluss auf die ökologischen Bedingungen im Gewässer (u. a. Wassertemperatur, Sauerstoffgehalt, Gewässerqualität) und auf dessen Nutzbarkeit

- Einschränkungen bzw. extremere Sparmaßnahmen für die Wasserentnahme in allen Bereichen, z. B.
  - Bewässerung von Gärten
  - Anforderung an Nutzer mit großem Wasserbedarf wie Speicherkraftwerke
- Besonders für aride Regionen mit Dürreperioden bedarf es technischer Lösungen, z. B. um Wasser aus Tau und Nebel zu extrahieren.
- Die Flussschifffahrt ist unterhalb einer jeweils flussspezifischen Mindestwasserführung nur eingeschränkt möglich. Das ist wichtig für Städte, die diese für den ÖPNV nutzen.

Energiebilanz der Wasserversorgung
Sie gibt Aufschluss über alle privaten, gewerblichen und industriellen urbanen Prozesse. Die Aufbereitung zu einer hohen Qualität (Trinkwasser) und Temperatur (Warmwasser) ist sehr energieintensiv.

Neben dem Einsatz erneuerbarer, THG-freier Energien Nutzung von:

- Trinkwasser nur zum Verzehr
- Regen-, Flut- und Grauwasser für betriebliche Zwecke
- Wärmerückgewinnung aus Abwasser
- Gravitation: Speicherung in höheren Lagen bzw. auf Bauten zur pumpfreien Verteilung mit lokaler Stromgewinnung

9.6.2.2 Konzept Schwammstadt »SpongeCity«

Wie ein Schwamm wird Wasser möglichst lange am Ursprungsort, z. B. im Quartier zurückgehalten und der Abfluss verzögert, um dort (natürlich) zu versickern und durch sukzessive Abgabe

- zu verdunsten
- ins Grundwasser einzudringen
- wiedergewonnen zu werden.

So wird es in den urbanen Wasserkreislauf mit einfließen mittels

Wasserspeicher

- dezentrale, offene begrünte Entwässerungsmulden
- Rigolen, wie Pufferspeicher und Rückhaltebecken, um eingeleitetes Wasser aufzunehmen

Entsiegelung

- zur ungestörten Oberflächenwasserversickerung, z. B. auf urbanen Grünflächen und in Feuchtgebieten
- Verwendung durchlässiger, versickerungsfähiger Multifunktionsbeläge zur Oberflächenbefestigung

→ 9.3.2.3 Entsiegelung (unter 9.3. Flächen)

Renaturierung überbauter Flächen

Freihaltung von Abflusswegen

- z. B. durch Kanäle über und unter der Oberfläche, um Überflutungen zu verhindern
- über freigehaltenen Ableitungen: Entwässerungsachsen, Abflussbahnen in Mulden etc.

Nutzung topografisch ausgeprägter exponierter Lagen

Beispiel Hamburg:
Bei heftigem Regen kam es am Stadtrand immer wieder zu Überschwemmungen. Um die Kanalisation zu entlasten, wurden Drosseln eingebaut – ein verengtes Rohr staut Regenwasser, das wenige Meter weiter zwischengespeichert wird.[67]

9.6.2.3 Katastrophenschutz

- stadtweite Schutzmechanismen, auch gegen Überflutung, z. B. durch
  - Schutzwälle
  - Überschwemmungsflächen
  - Renaturierung von Gewässern
- kleinteilige Objektschutzmaßnahmen, z. B.
  - zum Schutz der Gebäude vor Überflutungen: durch Kantensteine vor Lichtschächten und Außenkellern, Gefälle vor dem Haus etc.
- Kriterien für Überflutungsnachweise, z. B. ab welcher Größe auf versiegelten Privatgrundstücken Rückhaltungsmaßnahmen durch die Eigentümer verlangt werden

9.6.2.4 Wasserschutz

- Stopp der Schadstoffbelastung
  - Beweislast für die »Wasserverträglichkeit« von Produkten
  - technisch sichere Betriebssysteme, besonders bei wassergefährdenden Stoffen
  - konsequentere Haftung bei Verursachung von Wasserverunreinigungen
- Beseitigung von Altlasten/Belastungen und Ablagerungen
- Schutz des Grundwassers und der Quellen
- Grundwasser nur für Trinkwasser und nicht als Betriebswasser

9.6.2.5 Integration in die urbane Landschaft

Schutzmaßnahmen wie Wälle, Deiche, Überschwemmungsflächen etc. bieten potenziell einen räumlich-qualitativen Mehrwert durch Nutzung und Gestaltung als öffentliche Grünräume und Multifunktionsflächen, z. B. für Outdooraktivitäten mit Aufenthaltsqualität.

Beispiele:

- Hamburg HafenCity: Die als Treppen gestalteten Ufermauern dienen als Hochwasserschutz mit Freizeitwert.

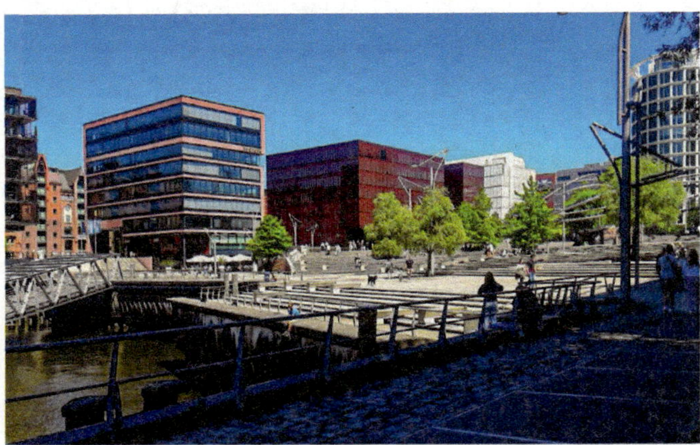

Abbildung 4: *Hamburg HafenCity.*

- Ein Spielplatz fungiert gleichzeitig als Sammelbecken für Regenwasser.
- In Kopenhagens Stadtteil Østerbro wird ein gestalteter Freiraum zur Retentionsfläche, von dem Wasser in unterirdische Tanks fließt.[68]
- Auf Rotterdams Water Square Benthemplein werden Regenbecken als Sportplätze genutzt. Seitliche Rinnen ermöglichen den Wasserablauf.[69]

9.6.3 Strategie

Eine urbane Wasserstrategie managt, koordiniert (zeitlich, finanziell etc.) und priorisiert alle Aspekte des urbanen Wasserhaushaltes:

- lokale, dezentrale Wasserversorgungs- und -entsorgungsnetzwerke
- nachhaltige Wassermanagementpraktiken, die darauf abzielen, moderne Entwässerungs- und Wiederaufbereitungssysteme an natürliche Wasserprozesse anzupassen, wie etwa das → Konzept der Schwammstadt (9.6.2.2)
- effiziente, gut gewartete und digitalgesteuerte Infrastruktur, um Wasserverluste zu vermeiden und effektive Nutzung zu gewährleisten
- Wiederherstellung natürlicher Wasserläufe
- Koordination der Gemeinschaftsaufgabe: Kommunen zusammen mit Trägern wie Wasser- und Bodenverbänden, Zweckverbänden und Stadtwerken

- Ausweisung von
  - Vorbehalts- oder Vorranggebieten für den vorbeugenden Hochwasserschutz, z. B. Überschwemmungsgebiete
  - Verdunstungsflächen
  - Trinkwassereinzugszonen
  - Gefahrenkarten für das Hochwasserrisikomanagement
  - Wasserschutzgebiete

9.6.4 Informationsgrundlage für die → Klima- und Nachhaltigkeitsprüfung

9.6.4.1 Bestandsaufnahme und Potenzialermittlung

Analyse des bestehenden Wasserkreislaufs

- Grundwasserflurbestände
- Strukturgütekartierung der naturfernen und naturnahen Fließgewässer
- topografische Analysen und Simulationen wie z. B. Fließwege- und Senkenmodellierungen etc.
- Kartierung von vergrabenen Netzen von Rohren und Kabeln sowie versteckten Räumen in Gebäuden und unter der Erde

Potenzialermittlung für Wassergewinnung

- aus Oberflächenwasser (Seen, Flüsse und Teiche)
- aus Quellwasser
- in Küstenregionen durch Meerwasserentsalzung – momentan noch sehr aufwendig
- aus Niederschlag
- durch Grauwasserrecycling

9.6.4.2 Indikatoren

Übersetzung der Maßnahmen in mess- und vergleichbare Indikatoren

→ Bestimmung der Indikatoren (5.8.1 unter 5.8. Klima- und Nachhaltigkeitsprüfung)

9.7 Livability – urbane Lebensqualität

Wie er»leben« wir unsere Städte?

9.7.1 Ideal

Soziale Stabilität und ein Sichwohl- und -zuhausefühlen in einem vitalen, sicheren und nachbarschaftlichen lokalen Lebensumfeld. Ein Ortsbewusstsein als Image der Raumwahrnehmung mit lokalindividueller Identifikation, Werten, Lifestyles, Erlebnis/Aufenthaltsqualität, Teilnahme und -habe und Gesellschaftsengagement

9.7.2 Aspekte und Maßnahmen

Wie kann dieses »Bindegewebe« zwischen den urbanen Funktionen in einer klimagerechten und nachhaltigen Stadt verstärkt werden?

Faktoren, die bewirken, dass Menschen an einem Ort leben möchten, wo der Alltag Freude bereitet:

9.7.2.1 Quantität und Qualität

Zugang zu bzw. Versorgung mit lokalen Dienstleistungen, Einrichtungen als auch Infrastruktur des Gemeinbedarfs und für Grundbedürfnisse (nicht nach Wichtigkeit geordnet):

- Freizeit, Erholung
- Sport
- Kultur, Kunst
- Bildung, lebenslanges Lernen
  - Abendschule/-kurse
  - Nachbarschaftstreffs
- Gesundheit
- Soziales (Betreuungs-, Versorgungs- und Gemeinschaftseinrichtungen)
- Einzelhandel

9.7.2.2 Identität, Werte

Gebiete und Gebäude von historischer, archäologischer oder kultureller Bedeutung und lokalem Interesse sowie deren Nutzung stärken die Identität und Werte.

- Verfügt das Gebäude bzw. Grundstück über unverwechselbare architektonische Merkmale oder solche mit Wiedererkennungs- bzw. Blickpunktpotenzialen?
- Wie steht es mit der Gegend in Verbindung in Bezug auf Höhe, Masse, Material, Ästhetik?
- Wird es akzeptiert und nicht mit unpopulären früheren Verwendungen in Verbindung gebracht? (Wichtig für soziale Brennpunkte)
- Ist es ein Kulturerbe, z. B. der industriellen Geschichte?

9.7.2.3 Wohlbefinden

Wie wirkt sich die Nutzung des Gebäudes/Grundstücks auf die Nachbarschaft bzw. das Quartier/Viertel aus in Bezug auf

- Lärmemissionen
- Hitzebelastung
- Luftschadstoffe
- Aufenthaltsqualität?

9.7.2.4 Gerechtigkeit

- Ungleichheiten zwischen den am stärksten benachteiligten und anderen Gebieten
- Möglichkeiten der Einflussnahme auf Prozesse durch → Partizipation (5.6) als → Anreize zur Verhaltensänderung (5.2)

9.7.2.5 Gefühl der Sicherheit

Belebte öffentliche Räume mit einer indirekten Überwachung (sozialen Kontrolle) durch mehr Passanten bzw. vermehrte Nutzung fördern nicht nur die subjektive Sicherheit, es wird tatsächlich auch die Kriminalität reduziert, z. T. um 74 %.[70] Das ist zudem kostengünstiger und akzeptabler als Überwachungskameras.

<u>Beispiele</u>

- Kinderspielplätze in Sichtweite der Wohnungen
- kostenfreie Kommunikationsbereiche, die zum Verweilen einladen

9.7.3 Strategie

Ein Livability-Strategie für urbane Lebensqualität koordiniert (zeitlich, finanziell etc.) alle obigen Faktoren:

- setzt aus den Zielen zu entwickelnde Standards zur Förderung des Zugangs zu und Versorgung mit den oben genannten Aspekten, z. B. dass Einrichtungen wie Kitas fußläufig innerhalb von x Metern erreichbar sein sollten
- identifiziert Mängel bzw. Lücken und priorisiert somit Handlungen
- fördert Strukturen für ein Quartiersmanagement als Anlaufstelle für alle Betroffenen und Akteure.

In Verbindung mit
8. Gebietsbezogene Handlungsfelder:
→ 8.2 Viertel/Quartiere
→ 8.3 Lebendige Zentren
7. Stadtstrukturelle Handlungsfelde:
→ 7.1 Urbane Dichte
→ 7.2 Nutzungs- und Funktionsmischung
→ 7.3 Stadtgestaltung
9. Thematische Handlungsfelder:
→ 9.8 Ökonomische Vitalität

9.7.4 Informationsgrundlage für die → Klima- und Nachhaltigkeitsprüfung

9.7.4.1 Bestandsaufnahme und Potenzialermittlung

Analyse der existierenden Möglichkeiten und zukünftigen Bedarfe

9.7.4.2 Indikatoren

Übersetzung der Maßnahmen in mess- und vergleichbare Indikatoren

→ Bestimmung der Indikatoren (5.8.1 unter 5.8. Klima- und Nachhaltigkeitsprüfung)

9.8 Ökonomische Vitalität

Nachhaltige TGH-neutrale ökonomische Struktur der Stadt

9.8.1 Ideal

Ökonomische Wettbewerbsfähigkeit und ökonomisches Wachstum durch nachhaltiges und klimagerechtes Wirtschaften in den kommerziellen, gewerblichen und industriellen Wirtschaftszweigen für alle Produkte, Handel und Dienstleistungen sowie sichere, attraktive Beschäftigungsmöglichkeiten

9.8.2 Aspekte und Maßnahmen

Wie kann die Neuorientierung und Umstrukturierung zu einer klimagerechten und nachhaltigen Ökonomie erreicht werden?

- Dekarbonisierung der Wirtschaft
- Entkopplung zwischen Konsum, Wirtschafts-/Wohlstandswachstum und Ressourcen sowie THGs
- krisensichere Diversifizierung der Stadtökonomie als Teil der regionalen Wirtschaftsstruktur

Priorität: ehemalige Industriestandorte der Energiegewinnung aus fossilen Ressourcen wie Kohle, Stahl und Hafenquartiere, z. B. im Ruhrgebiet

→ Exkurs (8.2.4): bei 8.2 Stadtviertel/Quartiere (unter 8. Gebietsbezogene Handlungsfelder)

Klimagerechte und nachhaltige Neuorientierung und Umstrukturierung folgender Unterkategorien:

9.8.2.1 Produktion und betriebliche Abläufe

THG- und emissionsfrei mit erneuerbaren Ressourcen

→ 9.2. Energie

9.8.2.2 Gebäude

Nachrüsten des Bestands (»Retrofitting«)

Empfehlungen hierzu
unter 7. Stadtstrukturelle Handlungsfelder:
→ 7.1 Urbane Dichte
→ 7.2 Nutzungs- und Funktionsmischung
→ 7.3 Stadtgestaltung

unter 8. Gebietsbezogene Handlungsfelder:
→ 8.4. Grundstücke und Gebäude

9.8.2.3 Transport

von Gütern und Mitarbeitenden
→ 9.1. Mobilität und Erreichbarkeit

9.8.2.4 Standorte

- Leben, Arbeit und Wirtschaften innerhalb einer Metropole
- kurze Wege
- regionale Ausrichtung auch der Rohstoffe, Wirtschaftszweige

Empfehlungen hierzu
unter 7. Stadtstrukturelle Handlungsfelder:
→ 7.1 Urbane Dichte
→ 7.2 Nutzungs- und Funktionsmischung
→ 7.3 Stadtgestaltung

- unter 9.Thematische Handlungsfelder:

→ 9.7 Livability – urbane Lebensqualität

9.8.2.5 Beschäftigungsmöglichkeiten

Der Transformationsprozess (z. B. Umbau der Energieinfrastruktur) bedingt eine entsprechende Umgestaltung der Arbeitswelt:

Sicherung attraktiver Arbeitsplätze, um:

- Mitarbeitende zu halten und somit Arbeiten am Wohnort zu ermöglichen
- die Kaufkraft innerhalb der Stadt zu stärken
- nicht nachhaltiges Verhalten durch Armut zu verhindern

Neuorientierung der Arbeitnehmenden durch:

- Weiterbildung
- Umschulungen
- Entwicklung einer flexiblen Qualifikationsbasis

9.8.2.6 Flächeninanspruchnahme

Effizienter, ohne die Standortleistung zu beeinträchtigen

- Beispiel Gewerbegebiet: Eine Studie der Autorin in einem Bremer Gewerbegebiet zeigt, dass die Dichte der bebauten Fläche um 30 % reduziert werden kann.
- Just-in-time-Logistik
- Multinutzung von Grundstücken, z. B. gemeinsame Infrastruktur wie Verwaltung, Lagerflächen etc.

<u>Empfehlungen hierzu</u>

unter 7. Stadtstrukturelle Handlungsfelder:
→ 7.1 Urbane Dichte
→ 7.2 Nutzungs- und Funktionsmischung
→ 7.3 Stadtgestaltung

unter 8. Gebietsbezogene Handlungsfelder:
→ 8.4 Grundstücke und Gebäude

unter 9. Thematische Handlungsfelder:
→ 9.3 Flächen

9.8.3 Strategie

Eine Wirtschaftsstrategie, die

- alle obigen Aspekte managt, koordiniert (zeitlich, finanziell etc.) und priorisiert
- Rahmenbedingungen setzt:
  - Förderung von mehr Innovationen wie z. B. Subventionen für Forschung und Entwicklung für neue Technologien, Prozesse und Materialien
  - Unterstützung für Langzeitinvestitionen als Überbrückungshilfe, bis Gewinne zu erwarten sind
- Zulassungen nur für Unternehmen, die klimagerecht und nachhaltig agieren

<u>in Verbindung mit:</u>

unter 5. Prozedur:
→ 5.2 Anreize zur Verhaltensänderung
→ 5.9 Finanzierung

→ Achtung, Barrieren! (6) – zur Prävention von Gentrifizierung (6.3 Risiken): Gerade bei großflächiger Umgestaltung in Gebieten früherer Energieversorgung aus fossilen Ressourcen muss auch gewährleistet werden, dass es Bewohnern, die jahrzehntelange Kontamination mit anschießendem Verfall ertragen haben, ermöglicht wird zu bleiben. Nicht nur durch den Erhalt von modifizierten und fair bezahlten Arbeitsplätzen, sondern auch durch Einbeziehung der Unternehmen in die Umgestaltung zu einer nachhaltigen Wirtschaft.

9.8.4 Informationsgrundlage für die → Klima- und Nachhaltigkeitsprüfung

Betrachtung der urbanen Ökonomie als Klima- und Nachhaltigkeitsbelang

9.8.4.1 Bestandsaufnahme und Potenzialermittlung

Analyse

- der bestehenden Wirtschaftsaktivitäten
- Möglichkeiten zur Umstrukturierung
- zukünftige Bedarfe und Strukturen

9.8.4.2 Indikatoren

Übersetzung der Maßnahmen in mess- und vergleichbare Indikatoren, z. B. Bemessung des Potenzials zur klimagerechten und nachhaltigen Neuorientierung und Umstrukturierung von

- Produktion und betrieblichen Abläufen
- Gebäuden
- Transport
- Standorten
- Beschäftigungsmöglichkeiten.

→ Bestimmung der Indikatoren (5.8.1 unter 5.8. Klima- und Nachhaltigkeitsprüfung)

9.9 Abfall

Als Folge des Konsums

9.9.1 Ideal

Autarker urbaner Ressourcenkreislauf

9.9.2 Aspekte und Maßnahmen

Wie kann ein urbaner Ressourcenkreislauf für den klimagerechten und nachhaltigen Umgang mit den Folgen des Konsums erreicht werden?

9.9.2.1 Abfallvermeidung

Damit Abfälle gar nicht erst entstehen

9.9.2.2 Erneute Nutzung

Begrifflichkeiten und Definitionen sind zweitrangig: Es sollte nur so produziert werden, dass die Abfälle in den Ressourcenkreislauf einfließen können.

Wieder- bzw. Weiterverwendung und Verwertung von Wertstoffen:[71]

- erneute Benutzung des gebrauchten Produkts, so etwa von intakten Mauerziegelsteinen für den gleichen oder anderen Verwendungszweck, etwa als Randbegrenzung von Grünflächen
- wiederholter Einsatz von Altstoffen und Produktionsrücklaufmaterial bzw. Hilfs- und Betriebsstoffen, z. B. chemisches Recycling von Kunststoffen zur Gewinnung der Materialausgangsstoffe
- Einsatz von Altstoffen und Produktionsabfällen, z. B. Weiterverwertung von Ziegelsplitt zu Pflanzsubstrat

9.9.2.3 Re-, Down- und Upcycling

Gewinnen vermarktungsfähiger Sekundärrohstoffe:[72]

- Beim Recycling wird etwas weitgehend Gleichwertiges daraus hergestellt, z. B. neue Glasprodukte aus alten Glasprodukten (z. B. Fenster).
- Beim Downcycling ist das Produkt nicht so hochwertig wie der Ausgangsstoff, z. B. minderwertige Baustoffe aus hochwertigen Materialien von einem Gebäudeabriss.

- Beim Upcycling ist das Endprodukt hochwertiger als der Ausgangsstoff, z. B. Steine oder Holzplanken für Renovierungen aus einem Gebäudeabriss.

9.9.2.4 Restabfall

Dennoch auftretende Abfallmengen werden so verwertet, dass eine indirekte energetische Nutzung möglich wird

- durch thermische Verwertung (Wärmegewinnung),
- als Brennstoffe, z. B. abgesaugte Gase für Blockheizkraftwerke.

Dies geschieht übergangsweise, bis durch den Ressourcenkreislauf kein Restabfall mehr entsteht.

→ Achtung, Barrieren! (6): Vermeidung der Abhängigkeiten von Abfällen zur Energiegewinnung

9.9.3 Strategie

Sie managt, koordiniert (zeitlich, finanziell etc.) und priorisiert alle obigen Aspekte in Bezug auf die Abfallstrategie mit dezentralen und kreislaufbezogenen Ver- und Entsorgungssystemen:

- Produktion von Gütern nur, wenn deren Bestandteile in dem Ressourcenkreislauf assimilierbar sind
- Gebot der Wiedernutzung von Gebäuden und anderen urbanen Strukturen. Bei unvermeidlichem Abriss eine Verpflichtung, den x-ten Teil der Materialien erneut zu nutzen bzw. emissionsfrei zu entsorgen
- obligatorische Recyclinganlagen in Gebäuden:
  - privat, z. B. für Küchen
  - in der Wirtschaft, z. B. für Wert- bzw. Rohstoffe
- Förderung von abfallvermeidender Produktion und Handel
- Subventionierung bzw. Steuerentlastung bei entsprechenden Betrieben
- zusätzliche Besteuerung von Einwegmaterialien
- Verteuerung der Entsorgung von Restabfall zusammen mit Annahmepflicht für Hersteller

9.9.4 Informationsgrundlage für die → Klima- und Nachhaltigkeitsprüfung

9.9.4.1 Bestandsaufnahme und Potenzialermittlung

- Analyse des Abfallvolumens und -aufkommens
- Möglichkeiten für die Integration aller urbanen Materialien in den Ressourcenkreislauf
- Abschätzung der zukünftigen reduzierten Abfallmengen durch Ressourcenkreisläufe

9.9.4.2 Indikatoren

Übersetzung der Maßnahmen in mess- und vergleichbare Indikatoren, z. B.

- Prozentzahl der wiedernutzbaren Materialien beim Umrüsten oder Abriss von urbanen Strukturen
- Anzahl von Haushalten mit integrierten Recyclingmöglichkeiten
- Potenzial der Integration von Wertstoffen in den Ressourcenkreislauf

→ Bestimmung der Indikatoren (5.8.1 unter 5.8. Klima- und Nachhaltigkeitsprüfung)

Quellenverzeichnis

Quellenangaben und Referenzen erfolgen nach bestem Wissen und Gewissen. Wenn nicht anders angegeben, beruht das hier Genannte auf meinen Erfahrungen aus meiner beruflichen Zeit, während des Studiums sowie von etlichen Veranstaltungen (Konferenzen, Messen, Workshops etc.).
Bestimmte Daten, Zahlen etc. werden nur verwendet, um eine Aussage zu verdeutlichen (z. B. um Relationen darzustellen). Sie stammen aus seriösen geprüften Quellen wie etwa von Bundesämtern und öffentlich-rechtlichen Medien. Oft sind neueste Zahlen bei Wikipedia genannt, sie werden hier zitiert, wenn eine solide Quellenangabe genannt wird oder ich für einen englischen Fachbegriff ein deutsches Äquivalent gesucht habe.

Basisgrundlagen stammen aus meinem Artikel:

WALLJES, Ilka, 1997. Exploring the Realities of the Sustainable City through the use and reuse of building. In: *European Environment*, Vol. 7, 1997, S. 194–102.

Zitiermethode: Norm ISO 690

1 Es gibt mehrere Definitionen, z. B. CARBON FOOTPRINT Ltd. [kein Datum]. Carbon Neutrality [online]. [Zugriff am: 24.01.2024]. Verfügbar unter: https://www.carbonfootprint.com/carbonneutrality.html

2 UMWELTBUNDESAMT, 2012. Glossar zum Ressourcenschutz [online]. [Zugriff am: 24.01.2024]. Verfügbar unter: https://www.umweltbundesamt.de/sites/default/files/medien/publikation/long/4242.pdf

3 CAMPBELL, Peter B., 2017. The climate has changed before. But this is different – look at the archeological record. In: *The Guardian* [online]. 09.11.2017 [Zugriff am: 21.01.2024]. Verfügbar unter: https://www.theguardian.com/science/2017/nov/09/the-climate-has-changed-before-but-this-is-different-look-at-the-archeological-record?CMP=share_btn_fb

4 Mit über 84 % im Jahr 2021 ist die Verbrennung fossiler Brennstoffe immer noch die bedeutendste Quelle von Treibhausgasemissionen. BUNDESUMWELTAMT, [kein Datum]. Treibhausgas-Emissionen nach Kategorien [online]. [Zugriff am: 24.01.2024]. Verfügbar unter: https://www.umweltbundesamt.de/daten/klima/treibhausgas-emissionen-in-deutschland#treibhausgas-emissionen-nach-kategorien. Sie ist sogar noch gestiegen auf 82,9 % im Jahr 2018 [damaliger Zugriff der Seite].

5 Oft werden diese Treibhausgase (TGH) mit Kohlendioxid (CO_2) gleichgesetzt, weil es den größten Anteil daran hat. BUNDESUMWELTAMT, 2021. Die Treibhausgase [online]. [Zugriff am: 24.01.2024]. Verfügbar unter: https://www.umweltbundesamt.de/themen/klima-energie/klimaschutz-energiepolitik-in-deutschland/treibhausgas-emissionen/die-treibhausgase

6 BUNDESUMWELTAMT, 2021. Wie funktioniert der Treibhauseffekt? [online]. [Zugriff am: 24.01.2024]. Verfügbar unter: https://www.umweltbundesamt.de/service/uba-fragen/wie-funktioniert-der-treibhauseffekt

7 FACHAGENTUR NACHWACHSENDE ROHSTOFFE E. V., [kein Datum]. Endliche Rohstoffe [online]. [Zugriff am: 21.01.2024]. Verfügbar unter: https://www.fnr.de/nachwachsende-rohstoffe/nachhaltigkeit/endliche-rohstoffe

8 Vgl. LENTON, Timothy M. und Hans Joachim SCHELLNHUBER, 2007. Tipping the scales. In: *Nature Climate Change*. Vol. 1 (712), S. 97–98

9 BRENNER, Jana, 2011. Ohne die Wirtschaft vor Ort geht es nicht. In: *Die Zeit* [online]., 13.07.201 [Zugriff am: 21.01.2024]. Verfügbar unter: https://www.zeit.de/wirtschaft/2011-07/heidelberg-klimaschutz-c40/seite-2

10 PODBREGAR, Nadja, 2020. Ein Planet der Städte. In: *Scinexx – das Wissensmagazin* [online]. 12.02.2020 [Zugriff am: 21.01.2024. Verfügbar unter: https://www.scinexx.de/news/geowissen/ein-planet-der-staedte/

11 REYNOLDS, Matt, 2018. The ecologists who think moving to cities will save the planet. In: *Wired* [online]. 06.05.2018 [Zugriff am: 21.01.2024]. Verfügbar unter: http://www.wired.co.uk/article/climate-change-optimism-ecomodernism-new-conservation

12 LOEW, Thomas [kein Datum]. Hintergrund Energie und Städte. In: *Institute for Sustainability* [online]. [Zugriff am: 21.01.2024]. Verfügbar unter: https://www.4sustainability.de/energie-und-staedte/hintergrund/

13 FRANZ, Yvonne, 2019. Nachhaltige Entwicklung. Die Städte sind ein wichtiger Hebel [Zugriff am: 26.09.2022]. Verfügbar unter: https://umwelt.univie.ac.at/aktivitaeten/newsletter/news-detail/news/nachhaltige-entwicklung-die-staedte-sind-ein-wichtiger-hebel/

14 LOEW, Thomas, [kein Datum]. Hintergrund Energie und Städte. In: *Institute for Sustainability* [online]. [Zugriff am: 21.01.2024]. Verfügbar unter: https://www.4sustainability.de/energie-und-staedte/hintergrund/

15 GÖPFERT, Christian, Christine WAMSLER und Werner LANG, 2018. A framework for the joint institutionalization of climate change mitigation and adaptation. In: *City administrations*, Illustrated by pilot applications to the cities of Würzburg [online]. 01.03.2018 [Zugriff am: 21.01.2024]. Verfügbar unter: https://link.springer.com/article/10.1007/s11027-018-9789-9

16 LÜTGERT, Christoph, 2019. Deutschland fehlen die Radikalen [online]. [Zugriff am: 24.01.2024]. Verfügbar unter: https://www.blog-der-republik.de/deutschland-fehlen-die-radikalen/?fbclid=IwAR0OoyM4KPb72cUeOhQ9No_UlStWxqQjalLLNvFv8j8vaDnvQAMohD8KLuI

17 YUMASHEV, Dmitry, 2018. Why scientists have modelled climate change right up to the year 2300. In: *The Conversation* [online]. 27.02.2018 [Zugriff am: 21.01.2024]. Verfügbar unter: https://theconversation.com/why-scientists-have-modelled-climate-change-right-up-to-the-year-2300-92236?utm_campaign=Echobox&utm_medium=Social&utm_source=Facebook#link_time=1519766630

18 WUPPERTAL INSTITUT, [kein Datum]. Low-Carbon-Technologien [online]. [Zugriff am: 27.01.2024]. Verfügbar unter: http://wupperinst.org/themen/energie/low-carbon-technologien/, sowie, gut erklärt mit solider Quellenangabe, bei Wikipedia, 2022. Seite »Negative Emissionen«. In: *Wikipedia – Die freie Enzyklopädie*. Bearbeitungsstand: 17. September 2022, 22:24 UTC. [Zugriff am: 30.09. 2022]. Verfügbar unter: https://de.wikipedia.org/w/index.php?title=Negative_Emissionen&oldid=226246705

19 UMWELTBUNDESAMT, 2022. Carbon Capture and Storage [online]. [Zugriff am: 21.01.2024]. Verfügbar unter: https://www.umweltbundesamt.de/themen/wasser/gewaesser/grundwasser/nutzung-belastungen/carbon-capture-storage#grundlegende-informationen

20 BAI, Xuemei, Richard J. DAWSON und Diana ÜRGE-VORSATZ, 2018. Six research priorities for cities and climate change. In: *Nature*, Vol. 555, S. 23–25 [online]. 01.03.2018 [Zugriff am: 21.01.2024]. Verfügbar unter: https://www.nature.com/articles/d41586-018-02409-z#ref-CR4

21 BUNDESAMT FÜR BEVÖLKERUNGSSCHUTZ UND KATASTROPHENHILFE, 2008. Deutsche Anpassungsstrategie an den Klimawandel. Drucksache 16/11595 [online]. [Zugriff am: 21.01.2024]. Verfügbar unter: https://www.bmuv.de/download/deutsche-anpassungsstrategie-an-den-klimawandel/

22 UMWELTBUNDESAMT, Hrsg. 2015. KomPass – Kompetenzzentrum Klimafolgen und Anpassung, Risiken und Verwundbarkeit.

23 FUHRHOP, Daniel, 2019. Interview durch Max BOROWSKI. In: *NTV* [online]. 18.09.2019 [Zugriff am: 21.01.2024]. Verfügbar unter: https://www.n-tv.de/wirtschaft/Bauen-schadet-Klima-wie-Autos-und-Fleisch-article21280049.html

24 ROUG, Jesper, 2022. Land zwischen den Meeren – Von Skagen nach Flensburg. In: *NDR* [online]. 26.05.2022, Minute 56. [Zugriff am: 25.01.2024]. Verfügbar unter: https://www.ndr.de/fernsehen/programm/epg/Land-zwischen-den-Meeren,sendung1016934.html

25 ARL, 2013. Glossar Klimawandel und Raumentwicklung, Nr. 10, S. 6 [Zugriff am: 21.01.2024]. Verfügbar unter: https://shop.arl-net.de/media/direct/pdf/e-paper_der_arl_nr10.pdf

26 Die Begriffe »Leichte Sprache« oder »Einfache Sprache« bezeichnen eine sprachliche Ausdrucksweise, die besonders leicht verständlich ist. https://www.leichte-sprache.org/

27 Entwickelt 2015 auf dem Pariser Klimagipfel als Teil der 2030 Agenda for Sustainable Development. UNITED NATIONS, A Department of Economic and Social Affairs, 201. The 17 Goals [online]. [Zugriff am: 27.01.2024]. Verfügbar unter: https://sdgs.un.org/goals

28 Indikatoren für Deutschland: STATISTISCHES BUNDESAMT: [online]. [Zugriff am: 24.01.2024]. Verfügbar unter: https://www.destatis.de/DE/Themen/Gesellschaft-Umwelt/Nachhaltigkeitsindikatoren/_inhalt.html?blob=publicationFile (Abruf 30.09.2022) sowie für Kommunen: Portal der BERTELSMANN STIFTUNG, [online]. [Zugriff am: 24.01.2024]. Verfügbar unter: SDG-Indikatoren für Kommunen https://sdg-portal.de

29 Eigene Erfahrung, aber auch Richtlinie 2001/42/EG des Europäischen Parlaments und des Rates über die Prüfung der Umweltauswirkungen bestimmter Pläne und Programme

30 ORR, Paula, Ric EALES, Owen WHITE und Ilka WALLJES, 2008. Overcoming Barriers to the Delivery of Climate Change Adaptation, ESPACE Project, Annex A of the final report, prepared for South East England Regional Assembly by Collingwood Environmental Planning.

31 WALLJES, Ilka, 2014. Dichtewerte in Bremen – Neugeplante Bauprojekte im Vergleich zu existierenden Quartieren und Stadtbereichen sowie zu Bauprojekten in anderen Städten [Internes Arbeitspapier]. Hansestadt Bremen, Senator für Umwelt, Bau, Verkehr und Europa.

32 Density Index Hamburg. NEXTHAMBURG E. V. [kein Datum] Density Index Hamburg [online]. [Zugriff am: 27.01.2024]. Verfügbar unter: https://nexthamburg.carto.com/viz/d6bc4f37-4b84-4206-bf34-268869d46e3b/public_map

33 Englische Quellen: COMMISSION FOR ARCHITECTURE & THE BUILT ENVIRONMENT [kein Datum]. The councillor's guide to urban design [online]. [Zugriff am: 27.01.2024]. https://www.designcouncil.org.uk/sites/default/files/asset/document/councillors-guide-to-urban-design.pdf, sowie Notizen des Vorlesung: (1996) Universität School of Planning, UCE Postgraduate Diploma in Town Planning, Unit 514 – Design.

34 Verschiedene übereinstimmende Quellen, z. B. DEUTSCHE ENERGIEAGENTUR, DEUTSCHE BUNDESSTIFTUNG UMWELT.

35 FACHVERBAND STROHBALLENBAU DEUTSCHLAND E. V. sowie HOCHWARTH, Dominik, 2022. Strohballenhaus bauen – so funktioniert der Strohballenbau. In: *Der Bauredakteur* [online]. [Zugriff am: 31.08.22]. Verfügbar unter: https://www.bauredakteur.de

36 WALLJES, Ilka, 1997. Exploring the Realities of the Sustainable City through the use and reuse of building, In: *European Environment*. Vol. 7, S. 194–102.

37 HEINZE GMBH, Baunetz: Glossar [online]. [Zugriff am: 21.01.2024]. Verfügbar unter: https://www.baunetzwissen.de/glossar/a/a-v-verhaeltnis-724354

38 HEINZE GMBH, Baunetz: Glossar [online]. [Zugriff am: 21.04.2024]. Verfügbar unter: https://www.baunetzwissen.de/nachhaltig-bauen/fachwissen/planungsgrundlagen/gebaeudeform-662875

39 Mehrere Quellen: vgl. [online]. [Zugriff am: 21.01.2024]. Verfügbar unter: https://www.rechnerphotovoltaik.de/photovoltaik/voraussetzungen/dachneigung oder [online]. [Zugriff am: 21.01.2024]. Verfügbar unter: https://www.solaranlagen-portal.com/photovoltaik/voraussetzung/dachneigung#:~:text=Die%20optimale%20Dachneigung,wirtschaftliche%20Ertr%C3%A4ge%20Ihrer%20Fotovoltaik%2DAnlage

40 BRANNIES, Ulf, Architekturbüro Team 3, 2010/2011. Präsentation [kein Titel] Exerzierhalle Oldenburg.

41 JUNKER, Frank, 2015. Wohnen im Aktiv Stadthaus. Frankfurt am Main: ABG Frankfurt Holding, Wohnungsbau- und Beteiligungsgesellschaft mbH.

42 O'SULLIVAN, Feargus, 2018. Brussels Makes an Extreme Plan to Fight Pollution Emergencies. In: *Bloomberg* [online]. 01.03.2018 [Zugriff am: 25.01.2024]. Verfügbar unter: https://www.bloomberg.com/news/articles/2018-03-01/free-transit-no-cars-a-brussels-plan-to-end-pollution-emergencies

43 GLOTZ-RICHTER, Michael, Referent Nachhaltige Mobilität, Hansestadt Bremen.

44 Quelle der Zahlen: The Economist, 2018. The perilous politics of parking. In: *The Economist* [online]. 14.02.2018 [Zugriff am: 25.01.2024]. Verfügbar unter: https://medium.economist.com/the-perilous-politics-of-parking-43f1f34d4b97, HURD, A. P., 2012. That Parking Spot in Front of Your House Doesn't Belong to You. In: *Bloomberg* [online]. 16.10.2012 [Zugriff am: 21.01.2024]. Verfügbar unter: https://www.bloomberg.com/news/articles/2012-10-16/that-parking-spot-in-front-of-your-house-doesn-t-belong-to-you, MEYER-WELLMANN, Jens, 2018. Kein Recht auf Parkplatz. In: *Hamburger Abendblatt* [online]. 24.02.2018 [Zugriff am: 21.01.2024]. Verfügbar unter: https://www.abendblatt.de/meinung/article213536747/Kein-Recht-auf-Parkplaetze.html

45 BERENS, Hannah, 2017. Urban Tetris. In: *Edit-magazin* [online]. 11.07.2017 [Zugriff am: 21.01.2024]. Verfügbar unter: http://www.edit-magazin.de/urban-tetris.html

46 MOSKERINTZ, Holly, 2016. 50 Reasons Why Everyone Should Want More Walkable Streets. In: *Spaces to Place* [online]. 17.10.2016 [Zugriff am: 21.01.2024]. Verfügbar unter: https://www.nar.realtor/blogs/spaces-to-places/50-reasons-why-everyone-should-want-more-walkable-streets

47 SPECK, Jeff, 2018. A Step-by-Step Guide for Fixing Badly Planned American Cities. In: *Bloomberg* [online]. 09.10.2018 [Zugriff am: 21.01.2024]. Verfügbar unter: https://www.bloomberg.com/news/articles/2018-10-09/a-how-to-manual-for-fixing-badly-planned-cities

48 SISSON, Patrick, 2019. How global cities are going green. In: *Curbed* [online]. 16.04.2019 [online]. [Zugriff am: 21.01.2024]. Verfügbar unter: https://www.curbed.com/2019/4/16/18410503/city-earth-day-emissions-pollution?fbclid=IwAR0h1nvIud5B6eKcHy466vcO3tb3I9TN_dScEHy-UaFekloIG57I0rX3Ilo

49 SPECK, Jeff, 2018. A Step-by-Step Guide for Fixing Badly Planned American Cities. In: *Bloomberg* [online]. 09.10.2018 [Zugriff am: 21.01.2024]. Verfügbar unter: https://www.bloomberg.com/news/articles/2018-10-09/a-how-to-manual-for-fixing-badly-planned-cities

50 BECKER, U., R. GERIKE und A. VÖLLINGS, 1999. Gesellschaftliche Ziele von und für Verkehr. In: *Schriftenreihe des Instituts für Verkehr und Umwelt e. V.* 1, S. 71.

51 TOYOTA DEUTSCHLAND GMBH, 2022. Toyota und Woven Planet stellen tragbare Wasserstoffkartusche vor [online]. 02.06.2022 [Zugriff am: 21.01.2024]. Verfügbar unter: https://www.toyota.de/entdecke-toyota/news/toyota-und-woven-planet-stellen-tragbare-wasserstoffkartusche-vor

52 BUNDESUMWELTAMT, 2022. Kraft-Wärme-Kopplung (KWK) [online]. [Zugriff am: 21.01.2024]. Verfügbar unter: https://www.umweltbundesamt.de/daten/energie/kraft-waerme-kopplung-kwk#kwk-anlagen

53 ROSENKRANZ, Alexander, 2021. Wärmerückgewinnung – Arten und Vorteile. In: *Heizung.de* [online]. 31.07.2021 [Zugriff am: 21.01.2024]. Verfügbar unter: https://heizung.de/heizung/wissen/waermerueckgewinnung-arten-und-vorteile/

54 BUNDESUMWELTAMT, 2022. Energieverbrauch für fossile und erneuerbare Wärme [Zugriff am: 21.01.2024]. Verfügbar unter: https://www.umweltbundesamt.de/daten/energie/energieverbrauch-fuer-fossile-erneuerbare-waerme

55 SCHNEIDER, Judith, 2018. Planen, bauen, leben – Die Städte der Zukunft. In: *ZDF* [online]. 12.08.2018 bei Minute 5 [Zugriff am: 21.01.2024]. Verfügbar unter: https://www.zdf.de/dokumentation/planet-e/planet-e-planen-bauen-leben---die-staedte-der-zukunft-100.html

56 UMWELTBUNDESAMT, 2022. Bodenversiegelung [online].17.01.2022. [Zugriff am: 21.01.2024]. Verfügbar unter: https://www.umweltbundesamt.de/daten/flaeche-boden-land-oekosysteme/boden/bodenversiegelung#was-ist-bodenversiegelung

57 NATURSTROM AG, Erster Solar-Radweg effizienter als erwartet. In: *Energie Zukunft* [online]. 25.05.2015 [Zugriff am: 21.01.2024]. Verfügbar unter: https://www.energiezukunft.eu/erneuerbare-energien/solar/erster-solar-radweg-effizienter-als-erwartet/

58 SCHNEIDER, Judith, 2018. Planen, bauen, leben – Die Städte der Zukunft. In: *ZDF* [online]. 12.08.2018 bei Minute 7,5 [Zugriff am: 21.01.2024]. Verfügbar unter: https://www.zdf.de/dokumentation/planet-e/planet-e-planen-bauen-leben---die-staedte-der-zukunft-100.html

59 BLOCH, Sam, 2019. The Problem With 'Cool Lavement': They Make People Hot. In: *Bloomberg* [online]. 03.10.2019 [Zugriff am: 21.01.2024]. Verfügbar unter: https://www.bloomberg.com/news/articles/2019-10-03/reflective-pavement-may-be-less-cool-than-it-seems

60 MADALINA, M. Biophilic cities lead the way to urban sustainability. In: *Urbanized Hub* [online]. 09.06.2016 [Zugriff am: 21.01.2024]. Verfügbar unter: http://urbanize-hub.com/biophilic-cities-lead-way-urban-sustainability/

61 STIFTUNG UNTERNEHMEN WALD [kein Datum] [Zugriff am: 21.01.2024]. Verfügbar unter: https://www.wald.de/waldwissen/wie-viel-kohlendioxid-co2-speichert-der- wald-bzw-ein-baum/

62 TAMM, Carsten, 2019. Wie viele Bäume braucht es, um eine Tonne CO_2 zu binden? In: *co2online* gemeinnützige Beratungsgesellschaft mbH [online]. 27.06.2019, [Zugriff am: 21.01.2024]. Verfügbar unter: https://www.co2online.de/service/klima-orakel/beitrag/wie-viele-baeume-braucht-es-um-eine-tonne-co2-zu-binden-10658/

63 HAHN, Ekhart, 1988. Ökologischer Stadtumbau. Aufgabenstellung, Zukunftschancen, Leitsätze. In: WINTER, J. und J. MACK, Hrsg., *Herausforderung Stadt – Aspekte einer Humanökologie*, Frankfurt am Main, Berlin: Ullstein Verlag, S. 172–189.

64 BRIONY, Harris, [kein Datum]. 7ways towns and cities are turning from grey to green. In: *Weforum* [online]. [Zugriff am: 30.09.2022]. Verfügbar unter: https://www.weforum.org/agenda/2017/11/7-ways-towns-and-cities-are-turning-from-grey-to-green

65 MANSFIELD, Ian, 2018. London's first »City Tree« – a pollution absorber with the power of 275 trees. In: *Ian Visits* [online]. 16.03.2018 [Zugriff am: 21.01.2024]. Verfügbar unter: https://www.ianvisits.co.uk/articles/londons-first-citytree-a-pollution- absorber-with-the-power-of-275-trees-24470/

66 KOLCZAK, Amy, 2017. This City Aims to Be the World's Greenest. In: *The National Geographic* [online]. 28.02.2017 [Zugriff am: 21.01.2024]. Verfügbar unter: https://www.nationalgeographic.com/environment/article/green-urban-landscape-cities-Singapore

67 SCHNEIDER, Judith, 2018. Planen, bauen, leben – Die Städte der Zukunft. In: *ZDF* [online].12.08.2018 bei Minute 9 [Zugriff am: 21.01.2024]. Verfügbar unter: https://www.zdf.de/dokumentation/planet-e/planet-e-planen-bauen-leben---die-staedte-der-zukunft-100.html

68 FORSCHUNGSVERBUND URBANE GEWÄSSER, Tåsinge Plads [kein Datum]. [Zugriff am: 21.01.2024]. Verfügbar unter: https://urban-waters.org/de/projekte/tasinge-plads

69 BOKERN, Anneke, 2014. Flood tactics – Water square in Rotterdam by De Urbanisten. In: *uncube magazine* [online]. 05.06.2014 [Zugriff am: 28.01.2024]. Verfügbar unter: https://www.uncubemagazine.com/blog/13323459

70 MOSKERINTZ, Holly, 2016. 50 Reasons Why Everyone Should Want More Walkable Streets. In: *Spaces to Place* [online]. 17.10.2016 [Zugriff am: 21.01.2024]. Verfügbar unter: https://www.nar.realtor/blogs/spaces-to-places/50-reasons-why-everyone-should-want-more-walkable-streets

71 BUNDESMINISTERIUM FÜR WOHNEN, STADTENTWICKLUNG UND BAUWESEN. Hrsg., [kein Datum]. WECOBIS-Lexikon [online]. [Zugriff am: 21.01.2024]. Verfügbar unter: https://www.wecobis.de/service/lexikon/recyclinglex.html

72 BUNDESANSTALT FÜR MATERIALFORSCHUNG UND -PRÜFUNG (BAM) [kein Datum]. Ressourcen aus Abfällen [online]. [Zugriff am: 21.01.2024]. Verfügbar unter: https://www.bam.de/Navigation/DE/Home/home.html

Über die Autorin

Ilka Walljes ist als Stadtplanerin und Geografin mit Fokus klimagerechte und nachhaltige urbane Transformation international in Forschung, Praxis sowie beratend als Consultant tätig. Sie baute eine Abteilung für Nachhaltigkeit und Klimaschutz auf (bei Hyder Consulting/UK), leitete eine Studie zur klimaneutralen Wiedernutzung städtischen Bestands (veröffentlicht in »European Environment«) und erstellte Gutachten über Barrieren für Klimaschutz und Anpassung für regionale Gremien. Für ihre Forschungen erhielt sie Auszeichnungen des britischen Raumplanungsinstituts Royal Town Planning Institute.

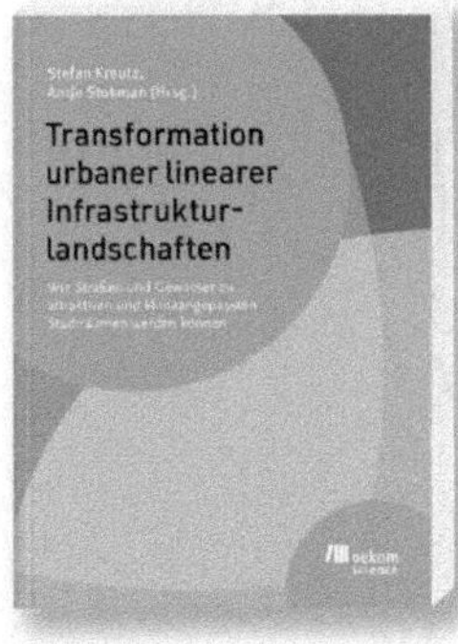

Auf dem Weg zu attraktiven Stadträumen

Straßen und Gewässer prägen seit Jahrhunderten unsere Städte. Reduziert auf ihre technischen Funktionen, sind sie heute häufig zu lebensfeindlichen Orten geworden. 28 Autor:innen machen deutlich, wie sie zu attraktiven und klimaangepassten Stadträumen transformiert werden können.

S. Kreutz, A. Stokman (Hrsg.)

Transformation urbaner linearer Infrastrukturlandschaften
Wie Straßen und Gewässer zu attraktiven und klimaangepassten Stadträumen werden können
360 Seiten, Broschur, 38 Euro
ISBN 978-3-98726-080-3
Auch als E-Book erhältlich

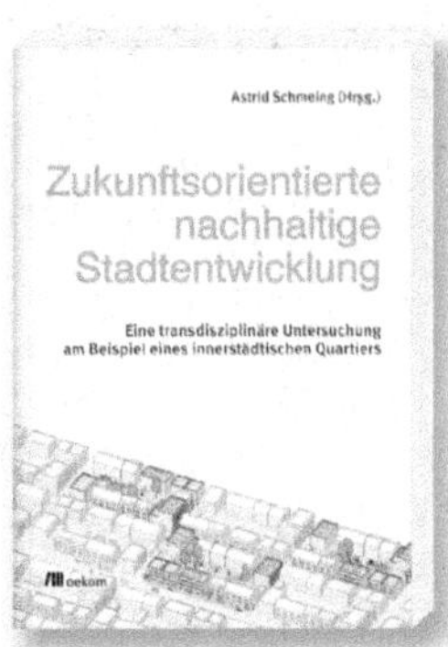

Wege zur nachhaltigen Stadt

Innerstädtische Quartiere haben im Sinne einer nachhaltigen »Stadt der kurzen Wege« hohes Potenzial. Aber sie bringen auch Herausforderungen mit wie Sanierungsstau und wenig Grün. Am Beispiel der Darmstädter Mollerstadt zeigt dieses Buch Perspektiven und Lösungen auf.

A. Schmeing (Hrsg.)

Zukunftsorientierte nachhaltige Stadtentwicklung
Eine transdisziplinäre Untersuchung
am Beispiel eines innerstädtischen Quartiers
256 Seiten, Broschur, vierfarbig mit zahlreichen Abbildungen,
32 Euro
ISBN 978-3-98726-077-3
Auch als E-Book erhältlich

DIE GUTEN SEITEN DER ZUKUNFT 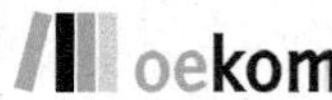

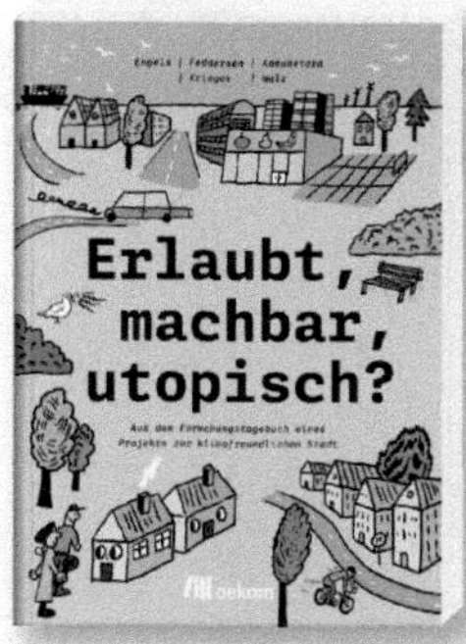

Raus dem Elfenbeinturm!

Klimaschutz in Städten wird oft anhand von sogenannten Reallaboren erprobt. Dieses Buch stellt mit einem Augenzwinkern Erfahrungen aus einem konkreten Hamburger Reallabor vor, schildert die skurrilen Herausforderungen – und liefert dennoch ein Plädoyer dafür, Reallabore für den Klimaschutz zu nutzen.

A. Engels, H. Feddersen, J. Kaewnetara, F. Krieger, K. Walz

Erlaubt, machbar, utopisch?
Aus dem Forschungstagebuch eines Projekts
zur klimafreundlichen Stadt
120 Seiten, Broschur, vierfarbig mit zahlreichen Illustrationen,
18 Euro
ISBN 978-3-98726-044-5
Auch als E-Book erhältlich

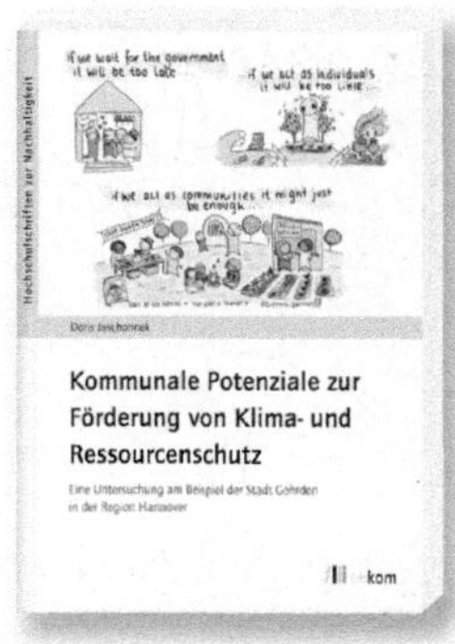

Der nachhaltige Bürger – braucht kommunale Hilfe

Für den Einzelnen ist die Aufgabe zu groß, die Politik ist in der Umsetzung zu langsam: Für einen wirksamen Klima- und Ressourcenschutz bietet sich das gemeinsame Engagement von BürgerInnen und kommunaler Verwaltung an. Welche Potenziale zur Unterstützung einer suffizienten, lokalen Wirtschaft hier schlummern, zeigt das Beispiel der Stadt Gehrden.

D. Jeschonnek

Kommunale Potenziale zur Förderung von Klima- und Ressourcenschutz
Eine Untersuchung am Beispiel der Stadt Gehrden in
der Region Hannover
142 Seiten, Broschur, 32 Euro
ISBN 978-3-96238-411-1
Auch als E-Book erhältlich

DIE GUTEN SEITEN DER ZUKUNFT

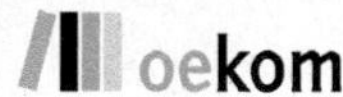

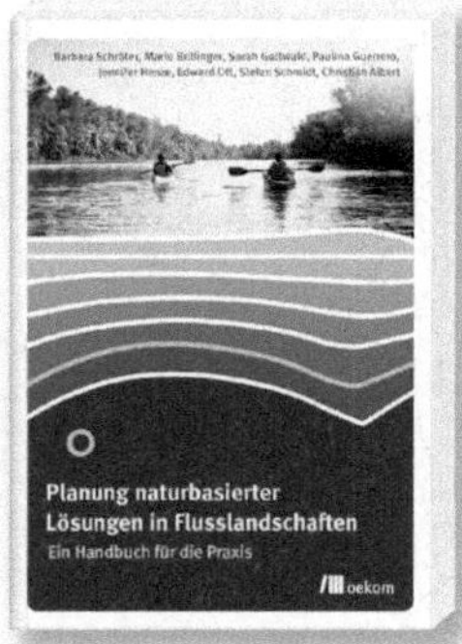

Zukunftsfähige Flusslandschaften

Durch den Klimawandel und menschliche Baumaßnahmen stehen heutige Flusslandschaften vor großen Herausforderungen. Statt massiv in die Ökosysteme einzugreifen, sollten vermehrt naturbasierte Lösungen angewandt werden, die die natürlichen ökologischen Funktionen nutzen und fördern. Mit praktischen Methodensteckbriefen stellt dieses Handbuch die Grundlagen für die konkrete Planung naturbasierter Lösungen von Flusslandschaften vor.

B. Schröter, M. Brillinger, S. Gottwald, P. Guerrero, J. Henze, E. Ott, S. Schmidt, C. Albert

Planung naturbasierter Lösungen in Flusslandschaften
Ein Handbuch für die Praxis
120 Seiten, Broschur, 26 Euro
ISBN 978-3-96238-309-1
Auch als E-Book erhältlich

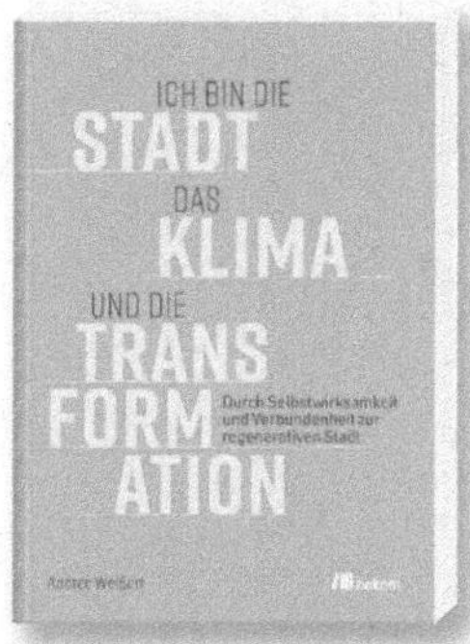

Die Stadt als Landschaft

Unsere Infrastrukturen und Bauwerke wurden mit massivem Einsatz fossiler Energie errichtet – bieten uns aber heute enorme räumliche Potenziale für eine suffziente Lebensweise. Wie das gehen kann, schildert dieses Buch. Es ist eine Ermutigung, das zu gestalten, was vor uns liegt.

A. Weißert

Ich bin die Stadt, das Klima und die Transformation
Durch Selbstwirksamkeit und Verbundenheit
zur regenerativen Stadt
176 Seiten, Broschur, 22 Euro
ISBN 978-3-98726-051-3
Auch als E-Book erhältlich

DIE GUTEN SEITEN DER ZUKUNFT

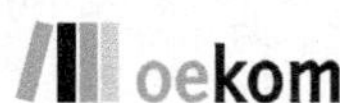